(393e) Collection de M. Em. MARTIN

PORTRAITS

POUR ILLUSTRATIONS

ŒUVRES DE

Van DYCK, De Marcenay, FICQUET

VIGNETTES, ESTAMPES

LIVRES A FIGURES

CONTES DE LA FONTAINE, IN-FOL.

Racine de Didot, avec une ép. unique de Prudhon

DESSINS DE MOREAU LE JEUNE

Marie-Antoinette, Joseph II, etc.

Vente du 12 au 17 Février 1877

A UNE HEURE PRÉCISE

Me MAURICE DELESTRE, Commissaire-Priseur
successeur de Me DELBERGUE-CORMONT,
rue Drouot, 27,

Et Me POL CHENET, son confrère, rue Maubeuge, 17,

Assistés de M. VIGNÈRES, Marchand d'Estampes,
rue de la Monnaie, 21 (ancien 13), à l'entre-sol,

CHEZ LEQUEL SE DISTRIBUE LE CATALOGUE.

EXPOSITION PUBLIQUE

LE DIMANCHE 11 FÉVRIER 1877

PARIS — 1877

Emanuel Martin

2412
4418
4797
1825
2103
14095 50

29,650 50

393

M. Emm. Martin 101 Bd. Haussmann

1876. Juin 14.	Transport de chez vous chez moi par les commissionnaires Estampes	6-
Juillet 4	Voiture	1-65
1877 Janvier 20	Transport des commiss. volumes	5
1877 - Fév. 7 -	52 exp. ex libris	7-50
	Chronique des arts 13 janvier	14
	20 janvier	38
	27 janvier	17
	aff. de catalogue	
	5 americain	1 60
	797 exples a 20c	159 40
	2 rames de papier pour chemise	27 50
	Honoraires	2965-00
		3242 65

(393e)

CATALOGUE

DE

PORTRAITS

LA PLUPART POUVANT SERVIR AUX ILLUSTRATIONS

Classés par graveurs et par noms

ŒUVRES DE

Van DYCK, De Marcenay, FICQUET
Gaucher, Savart, etc.

VIGNETTES, ESTAMPES DIVERSES

LIVRES A FIGURES

Contes de La Fontaine, in-fol.

Roman comique de Scarron d'Oudry, et Pater
Lazarillo de Tormes

CRIS DE PARIS DE POISSON; ŒUVRE DE Mme DE POMPADOUR

Racine de Didot, avec une épreuve unique, etc.

DESSINS

MOREAU le jeune, Marie-Antoinette, Joseph II, etc.

Collection de M. Em. MARTIN

DONT LA VENTE AURA LIEU

HOTEL DES COMMISSAIRES-PRISEURS

RUE DROUOT, 9, SALLE N° 4

AU PREMIER ÉTAGE

Les 12, 13, 14, 15, 16 et 17 Février 1877

A UNE HEURE PRÉCISE

Me MAURICE **DELESTRE**, Commissaire-Priseur, rue Drouot, 27,
Et M^e^ **POL CHENET**, son confrère, rue Maubeuge, 17,
Assistés de **M. VIGNÈRES**, Marchand d'Estampes,
rue de la Monnaie, 21 (ancien 13), à l'entre-sol.

PARIS — 1877

ORDRE DES VACATIONS

PREMIÈRE VACATION. — *Lundi* 12 *Février*

Portraits par graveurs........................ Nos 1 à 225

DEUXIÈME VACATION. — *Mardi* 13 *Février*

Portraits par graveurs........................ Nos 226 à 440

TROISIÈME VACATION. — *Mercredi* 14 *Février*

Portraits par graveurs et par noms........... Nos 441 à 655

QUATRIÈME VACATION. — *Jeudi* 15 *Février*

Portraits par noms........................... Nos 656 à 893

CINQUIÈME VACATION. — *Vendredi* 16 *Février*

Portraits par noms, Vignettes, Estampes........ Nos 894 à 1124

SIXIÈME VACATION. — *Samedi* 17 *Février*

Estampes, Livres à figures, Dessins........... Nos 1125 à 1355

CONDITIONS DE LA VENTE

Elle sera faite au comptant.

Les Acquéreurs paieront CINQ POUR CENT, en sus des enchères, applicables aux frais.

M. VIGNÈRES, chargé de la Vente, remplira les Commissions.

Choix de Catalogues avec prix marqués.

M. VIGNÈRES se charge des commissions dans les ventes de Livres et Estampes autres que les siennes.

CATALOGUE

PORTRAITS CLASSÉS PAR GRAVEURS

1 **Adam** (J.). Ch. de Lichtenstein. — Maximilien Fréd., évêque de Cologne, 2 p. in-8.

2 **Aliamet.** Hallé, peintre d'ap. *Denon*, rond in-8, très-belle ép., rare.

3 **Allais.** Anne de Bretagne. — Mme de Grignan. — Mlle de Montpensier, par *Sixdeniers*, 3 p. in-8. Manière noire, toute marge.

4 **Balechou.** Joliot de Crébillon, d'ap. *Aved*, in-4. Superbe ép., très-grande marge.

5 **Barbié.** Catherine Alexiewna II, impératrice de Russie. — F. de Chevert, avec vignette au bas, 2 ép, in-8. Marge.

6 — Le comte d'Estaing, ovale équarri in-8 avant toute lettre. Petite marge, rare, superbe.

7 — Le même, coupé en ovale et intercalé dans un encadrement avec la prise de la grenade au bas, in-8., superbe ép. Marge.

8 — Mont-Calm (marquis de), au bas sa mort. Superbe ép. in-8, d'ap. *Massé*, Belle marge, rare.

9 **Bartolozzi.** Giardini, compositeur de musique, sur le titre des sonates de violon, etc., d'ap. *Cipriani*, petit in-fol. Belle ép.

10 **Basse** (Mart.) Philippvs Bosqviervs, in-4.

11 **Bein.** Blaise Pascal, en pied, in-4, d'ap. *Flandrin*, très-belle ép. Marge, petit in-fol.

12 **Bertonnier.** Bailly. — Bourdaloue sur chine. 2 p. in-8, avant la lettre. Superbes ép. Toute marge.

13 — Marie-Antoinette, la tablette blanche. La même lettre grise. La tablette ombrée. 2 p. in-8. Superbes ép. Toute marge.

14 — Marie-Thérèse. Lettre grise. Duc de Bourgogne. La tablette blanche, avant toute lettre, 2 p. in-8. Superbes ép. Toute marge.

15 — Catherine de Médicis, in-8. Magnifique ép. d'artiste. Marge, petit in-fol.

16. **Blanchard.** Manzoni, remargé comme chine. Marge grand in-8.

17 **Bonneville.** Custine avant toute lettre. — Guillotin. — Helvetius. — Meaupou, 4 p. in-8. Marge.

18 — Merlin. — Revellière-Lepeaux. — Rewbel. 3 p. in-8 en couleur très-rares.

19 **Bosselman.** Mlle Louise Contat, comédienne, in-8, dans un entourage carré. Superbe ép. sur chine. Toute marge.

20 **Boulanger.** Mère Angélique ARNAULD. — Mère Catherine-Agnès de Saint-Paul ARNAULD, 2 p. in-4. Marge. 5.50

21 **Bouttats** (Frédéric). Daniel van Heil. — J.-B. van Heil. — Léo van Heil. — David Rijckaert, 4 p. petit in-4. Superbes. 3.50

22 **Bovinet.** Napoléon Ier surmontant la bataille d'Austerlitz. — Joséphine surmontant son couronnement. — Marie-Louise surmontant son couronnement, 3 p. in-fol. Très-belles ép. Marge. Rares à trouver réunies. 5

23 **Cars.** François BOUCHER, peintre, in-4 d'après *Cochin*. Très-belle ép. 6.50

24 — Jean-Siméon CHARDIN, peintre, in-4, d'après *Cochin*. Très-belle ép. 2.50

25 **Cathelin.** J. VERNET, peintre, in-4, d'après *Moreau le Je*. Très-belle ép. Marge. 9

26 **Chenu.** Gabrielle d'Estrées. — Marie de Médicis. — Marquise de Verneuil, 3 p. in-8. 4

27 **Chéron** (Sophie). Son portrait in-8. Superbe ép. avant toute lettre, premier des quatre états. 13.50

28 **Choffard** fecit 1762. P.-P. CHOFFARD, del^{o} et sculp^{or}. Dans des fleurs formant fin de page, pour l'édition des fermiers-généraux. Magnifique ép. Très-grande marge. 90

29 — an IX (1801). BONAPARTE, premier consul de la République française. Médaillon soutenu par la Paix et l'Abondance. Magnifique ép. in-8. Toute marge. 20

30 — La Rochefoucauld (François VI, duc de), in-8, d'ap. l'émail de *Petitot*. Superbe ép. Très-grande marge.

31 — La Sagesse soutenant le médaillon de Louis xv, entouré d'instruments de marine, in-8, en travers, d'ap. *Cochin*. Superbe.

32 — Palissot (Charles), in-8, d'ap. *Monnet*. Attributs, trois masques, une trompette, un sifflet. Très-belle ép.

33 — Palissot écrivant la Dunciade, in-8. Très-belle ép. Toute marge.

34 — De Rossel (Aug.-Louis), capitaine de vaisseau, avec sa fille qui lui présente une branche de lauriers, grand in-8 d'ap. *François*. Magnifique ép. Très-grande marge.

35 **Cochin** (d'ap.). — Caylus. — Clairaut. — Montholon, 3 p. in-4. Très-belles ép.

36 — De Troy fils, avant toute lettre. Le prince de Turenne. 2 p. in-4. Toute marge. Superbes ép.

37 **Condé**. La chevalière d'Eon en femme, ovale in-8.

38 **Coutellier**. Mlle Contat de la Comédie française, rôle de Suzanne, Mariage de Figaro, in-4 en couleur. Superbe ép. Rare.

39 **Cundier**. Cardin Lebret. — Frère Pierre Lebret. 2 p. petit in-fol. Très-belles ép. Marge.

40 **Dabo** (collection). 6 Portraits différents sur chine, avant la lettre, in-8. Toute marge.

41 — 6 Portraits différents avec la lettre sur chine. Toute marge.

42 **Delatre.** Louis, dauphin, père de Louis XVI. Grand in-8 d'ap. *Vanloo.* Superbe ép. Toute marge.

43 **De Launay.** Bernard de BONNARD, poëte. Très-belle ép. Remargée à claire-voie.

44 — CLÉMENT XIV en pied, in-8. Laurens de RAYRAC, in-12. 2 p. Remargées.

45 — Abbé de VOISENON, in-12, d'après *Vigée.* Superbe ép. avant la lettre.

46 **De Longueil.** BOSSUET, in-8, d'ap. *Rigaud.* Toute marge.

47 — Jacq. HULIN, ministre du roi de Pologne, in-4. Très-belle ép.

48 — LETANCOURT, comtesse de Mareilles, médaillon soutenu par des figures allégoriques d'ap. *Eisen*, in-4. Très-belle ép.

49 **Delvaux.** CONDILLAC, remargé comme chine. — A.-F. JOLY. 2 p. in-12.

50 **De Marcenay.** Son portrait, petit in-fol. Très-rare ép. avant la lettre, avant la planche nettoyée et beaucoup de travaux.

51 — D'ARGENSON (M.-P. de Voyer de Paulmy comte), 1er état. Très-rare avant toute lettre. Magnifique ép. Petite marge, doublé.

52 — Le même avec la lettre. Superbe ép. Petite marge. *Collection Camberlyn.*

53 — Le chevalier BAYARD. Très-belle ép. San marge, doublée.

54 — Bayard. Copie contre-partie avant toute lettre. Très-grande marge. Rare.

55 — Le comte de BERGHE, petit in-fol. d'ap. *Van Dyck*. Magnifique ép. avant toute lettre. Belle marge.

56 — CHARLES Ier, roi d'Angleterre. Belle ép. Marge.

57 — Le même. Belle ép. Petite marge.

58 — CHARLES V, dit le Sage, 1er état, avant la lettre. Très-belle.

59 — Le même avec la lettre. Marge. Très-belle épreuve.

60 — CHARLES VII. 1er État avant toute lettre. Très-belle ép. Sans marge.

61 — Le même avec la lettre. Très-belle ép. Sans marge.

62 — VAN-DYCK? 1er état, avec le texte à l'eau-forte. Superbe. Sans marge.

63 — Le même avec la lettre gravée. Superbe ép. Très-grande marge.

64 — EUGÈNE, de Savoie. Très-belle ép. avant toute lettre. Sans marge.

65 — HENRI IV. Magnifique ép. avant la lettre. Marge.

66 — Le même avec la lettre. Superbe ép. Très-grande marge.

67 — JEANNE D'ARC. Rare ép. non terminée avec des retouches au crayon. La même terminée, rognée pour comparaison. 2 p.

68 — L'Hopital avant toute lettre. 2 superbes ép. Sans marge. Seront vendues séparées.

69 — Puységur. Superbe ép. avant toute lettre. Grand in-4.

70 — Sage (B.-G.), académicien. Superbe ép. avant toute lettre. Belle marge.

71 — Le même avec la lettre. Superbe ép. Très-grande marge.

72 — Saxe (maréchal de). Très-belle ép. Le ciel blanc, avant la lettre. Sans marge.

73 — Stanislas (Auguste), roi de Pologne. Très-belle ép. Rare.

74 — Sully. Très-belle ép. avant la lettre. Remargée à claire-voie.

75 — Le même avec la lettre. Superbe ép. Grande marge.

76 — De Thou. Superbe ép. avant toute lettre. Sans marge.

77 — Tintoret. Les mains et le fond non terminés, avant la lettre. Superbe ép. Petite marge.

78 — Turenne. Superbe ép. avant toute lettre, avant les nuages. Sans marge.

79 — Villars. Superbe ép. avant toute lettre. Sans marge.

80 — L'Homme à la plume blanche : Seigneur et sa femme, d'ap. *Rembrandt*. Rare ép. d'eau-forte pure.

81 — La Dame à la plume. Le Vieillard à la toque. 2 superbes ép. avant toute lettre, avec les paysages au bas. Marge.

82 — La Dame à la plume, avec la lettre et le paysage, les voyageurs. Belle ép.

83 — La Dame à la plume. Le Vieillard à la toque. 2 très-belles ép. avec la lettre, les paysages coupés, avant le titre; la Dame aux perles.

84 — L'Effroy. — L'Étonnement, avant la lettre. Très-belles ép. Marge. 2 petites pièces.

85 — La Fleuriste, petit in-fol. d'ap. *Gérard Dow*. Magnifique ép. avant toute lettre. Très-grande marge.

86 — Tobie recouvrant la vue, d'ap. *Rembrandt*, petit in-fol. Magnifique ép. avant la lettre. Grande marge.

87 — Le Coucher du soleil, petit paysage avec laveuse, d'ap. *Vernet*. Superbe ép. avant la lettre. Grande marge.

88 — Deux très-petits Paysages, 1er état, avant les nos. — Le Repos. 3 p. Superbes.

89 — Les Pêcheurs, avant la lettre. — La Forêt et la Cabane, les noms à la pointe sèche. 3 p. Superbes.

90 — D'une grotte on voit des pêcheurs et une ruine, d'ap. *Vernet*. Superbe ép. avant les armes et avant la lettre, petit in-fol. Grande marge.

91 — Commencement d'orage, d'ap. *Rembrandt*, in-fol. Magnifique ép. avant la lettre. Très-grande marge.

92 — De Marcenay de Guy. Œuvre composé de 56 p. sur chine. Portraits, sujets d'ap. *Poussin*, *Rembrandt* et autres. Paysages, etc., titre et table gravée, vol. dos vélin.

93 **Demarteau.** Rubens à l'âge de 30 ans, fac-simile de dessin aux trois crayons, d'après *Watteau*, in-4. Superbe.

94 **Denon.** Son Portrait. — Cardinal de Bernis? 2 p.

95 **Dequevauvillers.** Barthélemy (l'abbé), in-8 avant toute lettre et grand in-8. Très-belles ép. sur chine. Toute marge, 2 p.

96 — Duchesse de Phalaris, avant la lettre, in-8 sur chine. Toute marge.

97 — Lantages, prêtre, sur chine. — Luxembourg, lettre grise, 2 p. Superbes. Toute marge.

98 **Desrochers.** Hommes et femmes célèbres, 8 p. in-8.

99 — Célébrités diverses, 30 p. in-8. Belles ép.

100 — Divers, adresse de Daumont, 15 p. Marge.

101 **Dien.** Carnot, avant toute lettre. — Le comte Guitaud, lettre à un trait, 2 p. in-8. Superbes.

102 — Le comte de Guitaud. — Marquis d'Héricourt, 2 p. Superbes ép., la lettre à un trait, in-8 sur chine non fixé.

103 **Drevet**, 1704. Nicolas Boileau Des Préaux, in-4. Superbe ép. avec une petite marge.

104 — Louis, duc d'Orléans, grand in-4. Superbe ép. d'après *Coypel*.

5 105 — M. de TRESSAN, archevêque de Rouen, à genou aux pieds de la Vierge. Titre du grand Bréviaire.

2.50 106 **Duchange.** François GIRARDON, sculpteur. Belle ép., petit in-fol. d'après *Rigaud*.

13 107 **Duflos** (Cl.). Personnages de la famille de GONDI, 11 p. Très-grand in-8, marge. — Michel 13

4.50 108 **Dupin.** Sophie-Charlotte de MECKLEMBOURG Strélitz, reine d'Angleterre. Grand in-8, d'après *Desrais*, rare.

2.50 109 — Ch.-Ph., comte d'ARTOIS, in-4, d'après *Hall*, Superbe ép., marge.

7 110 — DIDEROT, grand in-8, d'après *Greuze*. Très-belle ép., toute marge. — Michel 6

Vig. 13.50 111 **Dupont** (Henriquel), 1838. André CHÉNIER, d'après le tableau de *Suvée*, peint à St-Lazare, le 29 messid. l'an II. Magnifique ép. d'artiste sur chine, marge, petit in-fol. — Hedou 5 Michel 5 Leiss 12 Mourc 7 M. de C.

Œuvre de Van Dyck

Vig. 36 112 **Dyck** (Antoine Van). *Eaux-fortes*. CORNELISSEN (Antoine) (Weber 2e état), terminé par Lucas *Vorsterman*. Magnifique ép., très-grande marge, avant le nom du graveur avec *Mart. vanden Enden*. Il y a 5 états différents. — Heriman 50 Leiss 35

20 113 — VAN-DYCK (Antoine), 2e état, terminé par Jac. *Neeffs*, avant l'adresse de Verdussen ; on a corrigé à l'encre l'année 1645 en 1646. Superbe. — Willem 10

114 — Le même, 3e état, l'année 1645 effacée. Superbe.

115 — MOMPER (Josse de). Première planche. sans G. H. Superbe.

116 — MOMPER. Seconde planche, 2e des 5 états avant le nom du graveur, très-rare. Superbe ép. terminée par *Vorsterman.*

117 — Le même, 3e de 5 états, avant la seconde ligne, très-rare. Superbe ép. avec une petite marge.

118 — NOORT (Adam van), peintre. Avant-dernier état avec G. H., très-rare, tache d'huile sur l'épaule. Très-belle ép.

119 — SNELLINX (Jean). Seconde planche, terminée par *P. de Jode.* 2e état Weber des 4, avant le nom du graveur, très-rare. Superbe.

120 — VOS (Guillaume de). 2e état Weber, avant d'être terminé par *Bolswert.* Superbe ép., très-rare ; on ne connaît que 2 ép. du 1er état. La marge du titre en bas est coupée.

121 — Le même, terminé par *Bolswert* avec G. H., avant-dernier état. Magnifique ép., avec grande marge.

122 — WAVERIUS (Jean). 3e des 5 états, terminé par *Pontius* avant les armes, très-rare. Très-belle ép.

123 — Le Titien et sa maîtresse, avant-dernier état, avant le privilége et *A. Bon enfant excu,* très-rare. Magnifique ép., marge.

124 — Le même sujet réduit in-4, et en contre-partie, par *Pauli.* Très-belle ép., petite marge.

COLLECTION MARTIN VAN DEN ENDEN

125 **Dyck** (d'après Van). *Graveur anonyme.* BOSSCHAERT (Thomas Willeborts), peintre. Superbe ép.

126 — Le même, avec une déchirure. Très-belle ép.

127 — Par *Schelte à Bolswert.* AREMBERG (Albert comte d'). 1er de 4 états, extrêmement rare, avec Barbanson, etc. Superbe.

128 — BARBÉ (Jean-Baptiste). 2e état des 4, avant l'E de Barbe, très-rare, avant G. H. Superbe ép., très-grande marge.

129 — BROUWER (Adrien). Avant toute lettre, la seule ép. connue est au Musée Britannique. Magnifique ép., avant le 1er état Weber.

130 — Le même, 3e des 6 états, avant G. H. Superbe ép., très-grande marge, très-rare.

131 — LIPSE (Juste). 1er de 4 états. Magnifique ép., marge, extrêmement rare.

132 — Le même. 2e des 4 états, très-rare. Superbe ép.

133 — PEPYN (Martin). 1er des 4 états, avant le nom du graveur. Superbe ép. très-rare.

134 — VRANCX (Sébastien). 2e des 4 états, avec le nom du graveur. Magnifique ép., très-grande marge.

135 — MIEREVELT (Michel). Avant toute lettre. Suberbe, le nom et le nom de l'artiste sont à l'encre en bas. Extrêmement rare.

136 — Le même. 1er des 3 états, avec *Henri Hondius, sculp.* Superbe ép. extrêmement rare.

137 — Par *Corneille Galle* le vieux. Wolfart (Artus). 1er des 5 états, avant le nom du graveur. Superbe, très-rare.

138 — Par *Guillaume Hondius*. Franck (François) le jeune. 1er des 4 états. Superbe ép., très-rare.

139 — Par *Arnould de Jode*. Howard (Catherine). Superbe ép., avec une petite marge.

140 — Par *Pierre de Jode* le vieux. T'Serclaes de Tilly. 1er des 4 états, extrêmement rare, avant la virgule T'S. Superbe ép., remargée à claire voie.

141 — Par *Pierre de Jode* le jeune. Halmalius (Paul). 1er des 4 états, avant le nom du graveur. Superbe ép., très-rare.

142 — Le même. 2e états des 4 décrits, avec le nom du graveur. Superbe ép., très-grande marge.

143 — Jordaens (Jacques). 2e des 4 états, avec le nom du graveur. Superbe ép.

144 — Nole (André-Colyns de). Avec une seule ligne, et *Mart. Vanden Enden*. Épreuve de la vente Gigoux, une petite déchirure au bas.

145 — Poelenburg (Corneille). Avec une seule ligne, et *Mart. Vanden Enden*. Superbe ép., sans marge, très-rare.

146 — Puteanus (Erycius). 2e des 4 états. Très-belle ép., remargée à claire-voie.

147 — TULDENUS (Diodore). 1er des 4 états avant le nom du graveur. Extrêmement rare, superbe ép., remargée à claire voie.

148 — WALLENSTEIN (Albert, comte de). 1er des 3 états avec le nom du graveur, extrêmement rare. Superbe ép., très-grande marge.

149 — Le même, même état. Superbe ép., marge.

150 — URPHE (Geneviève d'). 2e des 4 états, très-rare. Superbe ép., grande marge.

151 — Par *Nicolas Lauwers*. BLANCATCIO (frère Lelio). 1er de 4 états, très-rare. Superbe ép.

152 — Le même, même état. Très-belle ép., très-grande marge.

153 — Par *Paul Pontius*. BALEN (Henri Van). 1er des 4 états avant le nom du graveur, extrêmement rare. Magnifique ép., avec une petite marge.

154 — Le même. 2e état. Superbe ép. avec une très-grande marge, très-rare.

155 — BAZAN (Don Alvar). 2e des 4 états. Superbe ép., très-rare, marge.

156. — BREUCK (Jacques de). 2e des 4 états. Magnifique ép., très-rare, avec très-grande marge.

157 — COLUMNA (Dom Carolus). 1er des 4 états regardé comme probablement unique par M. Duchesne. Voyage d'un iconophile, avec CVBIT, qui fut changé en cvbic. Superbe ép., marge.

158 — Le même, même état. Très-belle ép. sans marge.

159. — FROCKAS Pinyra, etc. 1er des 5 états, avec le nom du graveur Superbe ép., très-rare.

160 — Gevartius (Gaspar). 1er des 5 états, avant le nom du graveur, très-rare. Superbe ép.

161 — Le même. 2e état très-rare. Superbe ép., marge, collection *Camberlyn*.

162 — Gusman (Don Diego de). 1er des 3 états, avec le nom du graveur, très-rare. Magnifique ép., très-grande marge.

163 — Hontborst (Gerardus). 2e des 5 états avec le B à la place de l'H, extrêmement rare. Magnifique épr., très-grande marge.

164 — Hugens (Constantin). 1er des 3 états, très-rare. Très-belle ép. avec le nom du graveur.

165 — Miraeus (Aubert). 1er des 3 états, le nom du graveur, très-rare. Très-belle ép.

166 — Nassau (Jean comte de). 2e des 4 états, le nom de *Pontius* rectifié. Très-rare, magnifique ép,, très-grande marge.

167 — Palamedes. 1er état des 4 décrits, avant le nom du graveur, très-rare. Magnifique ép., très-grande marge.

168 — Pontius (Paul). 2e des 4 états, avec le nom du graveur. Magnifique ép., extrêmement rare. Grande marge.

169 — Ravestyn (Caspar). 1er des 4 états, avec le nom du graveur dans l'estampe. Superbe ép.

170 — Rombouts (Théodore). 2e des 4 états, avec le nom du graveur. Très-belle ép., très-rare.

171 — RUBENS (Pierre-Paul). 1er des 5 états, avant le nom du graveur, de la plus haute rareté, chef-d'œuvre de gravure. Magnifique ép. de la plus belle condition.

172 — Le même. 2e des 5 états. Superbe épreuve, extrêmement rare.

173 — SCAGLIA (César-Alexandre). 2e des 6 états avec le mot *Regens* à la fin du second vers, extrêmement rare. Magnifique ép., très-grande marge.

174 — SEGERS (Gerardus). 1er des 4 états, avant le nom du graveur. Superbe ép., petite marge.

175 — STEENWYK (Henri). 1er des 4 états, avant le nom du graveur. Très-belle ép., un petit coin de la marge en bas restauré.

176 — VANLOON (Théodore). 2e des 4 états, avec le nom du graveur, très-rare. Magnifique ép., très-grande marge.

177 — WILDENS (Jean). 1er des 4 états, avant le nom du graveur, extrêmement rare. Superbe ép.

178 — MARIA DE MEDICES. 2e de 4 états, *Pontius* rectifié. Superbe ép., très-rare, sans marge.

179 — Par *André Stock*. SNAEYERS (Petrus). 1er des 2 états, avant le titre changé et le nom du graveur. Magnifique ép., marge.

180 — Par *Robert Van-Voerst*. DIGBI (Kenelme). 1er des 4 états, avec le nom du graveur, extrêmement rare. Magnifique ép. de la collection *Scheepshanks*.

181 — Jones (Inigo). 2ᵉ des 4 états, avec le nom du graveur, très-rare. Très-belle ép., remargée à claire voie.

182 — Réduction in-4. Contre-partie par *Hollar*. Très-belle ép.

183 — Vouet (Simon). 1ᵉʳ des 4 états, avec le nom du graveur. Très-belle ép., extrêmement rare.

184 — Le même, 4ᵉ état. Très-belle ép.

185 — Par *Lucas Vorsterman*. Cachopin (Jacques de). 1ᵉʳ des 4 états, avant le nom du graveur. Superbe ép.

186 — Cachopin. Fac-similé par *Demarteau*, avant et avec Peint par *A. Van Dyck*, en 1634. 2 p. très-belles, sans marge.

187 — Callot (Jacques). 1ᵉʳ des 5 états, avant le nom du graveur, extrêmement rare. Superbe ép., très-grande marge.

188 — Coeberger (Wenceslas). 2ᵉ des 4 états, avec le nom du graveur, très-rare. Magnifique ép.

189 — Delmont (Deodat). 1ᵉʳ des 4 états, avant le nom du graveur, extrêmement rare. Superbe ép., sans marge, vente *Gigoux*.

190 — Le même, 2ᵉ des 4 états. Très-belle ép., avec le nom du graveur.

191 — Dyck (Antoine Van). 2ᵉ des 4 états, avec le nom du graveur. Superbe ép., très-rare, marge.

192 — Eynden (Hubert Van den). 2ᵉ des 4 états, avec le nom du graveur. Superbe ép., très-grande marge.

193 — Galle (Théodore). 2ᵉ des 4 états, avec le nom du graveur. Superbe ép., très-grande marge.

194 — Gentileschi (Horace Comi *dit*). 1ᵉʳ des 4 états, avant le nom du graveur, très-rare. Très-belle ép.

195 — Le même, 2ᵉ état, très-rare. Très-belle ép.

196 — Jode (Pierre de). 2ᵉ des 4 états. Superbe ép., extrêmement rare, très-grande marge.

197 — Livens (Jean). 2ᵉ des 4 états, avec le nom du graveur. Très-belle ép., très-rare.

198 — Mallery (Charles de). 1ᵉʳ de 4 états, avant le nom du graveur. Très-belle ép., extrêmement rare.

199 — Le même. 2ᵉ état avec le nom. Superbe ép., très-grande marge, très-rare.

200 — Milder (Joannes Van). 2ᵉ des 5 états, avec le nom du graveur. Superbe ép., très-rare.

201 — Le même. 3ᵉ état avec la seconde ligne, rare. Très-belle ép., sans marge.

202 — Sachtleven (Corneille). 1ᵉʳ des 4 états, avant le nom du graveur, extrêmement rare. Superbe ép.

203 — Schut (Corneille). 1ᵉʳ des 4 états, avant le nom du graveur. Extrêmement rare, superbe ép.

204 — Le même, probablement 1ᵉʳ état vu sa beauté et les lignes du graveur de lettres, sans marge, superbe.

205 — SPINOLA (Ambroise). 1er des 3 états, avec le nom du graveur, et trois lignes de titre, avant G. H., superbe ép., très-grande marge.

206 — STEVENS (Pierre). 2e des 4 états, avec le nom du graveur, très-belle ép. très-rare.

207 — UDEN (Lucas Van). 1er des 4 états, avant le nom du graveur, extrêmement rare, superbe ép.

208 — VOS (Corneille de). 1er des 4 états, avant le nom du graveur, superbe ép. petite marge, très-rare.

209 — Le même, 2e état, très belle ép. très-rare.

210 — Par *Lucas Vorsterman le jeune*. SEGHERS (Gérard), 2e état, cinq lignes, avant le nom du peintre, et avant *M. Van den Enden*, superbe ép. très-rare.

211 — Le même 3e état belle ép.

212 — ERTVELT (André van), 1er état avec G. H., superbe ép. très-rare, avec le nom de *S. A Bolswert sculpsit*

213 — BLOIS (Jeanne de) par *Peter de Jode sculpsit* belle ép.

214 — BOLSWART (Scelte a), 2e état, par *Lommelin*, belle ép.

215 — ROCKOX (Nicolas), 4e des 8 états, très-rare, très-belle ép. avec 1639, après *Pontius sculpsit.*

216 — MONCADA (François de). 3e état, très-belle ép. par *Lucas Vorsterman.*

217 — ISABELLE-CLAIRE EUGÉNIE. 1er des 3 états avant G. H., très-belle ép. sans marge.

COLLECTION JEAN MEISSENS

218 — Par *Pierre Baillu*, BOURBON (Antoine de) comte de Moret. 1er état, avec *Joannes Meysens*, très-belle ép.

219 — URFÉ (Honoré D') auteur d'Astrée, 1er état, avec *Joannes Meysens excudit*, très-belle ép.

220 — Par *Corneille Galle* le jeune. MARIE d'AUTRICHE, 1er état avec *Jo Meysens*, très-belle ép.

221 — HENRIETTE de Lorraine, 1er état avec *Joannes Meysens*. très-belle ép.

222 — TAIÉ (Engelbert), 1er état, avec *Joannes Meysens*, très-belle ép.

223 — Par *Pierre de Jode*. CUSANCE (Beatrix de). 1er état, avec *Joannes Meysens*, très-belle ép.

224 — La même. 2e état, *Meyssens* effacé, superbe ép., marge.

225 — MONTFORT (Jean de) 1er état, avec *Joannes Meyssens*, très-belle ép., marge.

226 — Par *Jacques Neeffs*, BARLEMONT (Marie Marguerite de). 1er état, *Joes Meyssen*, superbe ép.

227 — Par *Paul Pontius*. AREMGERG (Marie comtesse D') 1er état. *Joannes Meyssens*, très-belle ép.

228 — Marie comtesse D'AREMBERG par *Lommelin*, très-belle ép.. planche plus grande et différente de la précédente.

229 — Maria Clara de CROHO. 1er état, par Conrad *Waumans*, avec *Joannes Meysens*, très-belle ép.

230 — Orange (Frédéric-Henri, prince d'), comte de Nassau, 1er état, *Joannes Meysens*, superbe ép.

231 — Amélie de Solms, princesse d'Orange, 1er état, *Joannes Meysens*, superbe ép., très-rare.

232 — Zuniga el Davila. 1er état, avec *Joannes Meyssens*, magnifique ép.

233 — Opstal (Antoine Van) avant *Jacobus de Man exc*, superbe ép.

234 — Rogiers (Théodore), *Petrus Clouet sculpsit*, 1er état. magnifique ép., marge, rare.

235 — Scribanius (Charles), jésuite. *Petrus Clouet sculpsit*, superbe ép.

236 — Liberti (Henri), organiste. *Petrus de Jode sculpsit*, superbe.

237 — Simons (Quintinus), avec deux lignes, 2e état, magnifique ép. collection *Camberlyn*, belle marge, *Pet. de Jode sculp.*

238 — Bisthoven (J. B. de) jésuite, par Adrien *Lommelin*, avec trois lignes, superbe ép., marge.

239 — Marselaer (Frédéric), par *Lommelin* avec les contre-tailles sur le papier qu'il tient à la main, très-belle ép.

240 — Ferdinand d'Autriche par *Jean Payne*, superbe et très-rare ép. avant toute lettre.

241 — Le même, superbe ép. avec la lettre.

242 — Gerbier (Balthazar), dernier état; le papier qu'il tient n'a qu'une seule taille, très-belle ép., marge.

243 — Lerol (Philippe). Avant toute lettre, gravé par *L. Vorsterman* avec le monogramme au-dessus de l'épaule ; la figure est à l'eau-forte supérieurement modelée. Extrêmement rare.

244 — Le même retouché par *Paul de Pont*. La figure est modelée par de fortes tailles de burin, très-belle ép. rare. Dernier état.

245 — Chrétien duc de Brunswick, par *Robert van Voerst*, superbe ép., marge, rare.

246 — Pembroke (Philippe Herbert comte de) *Robertus van Voerst sculpsit* superbe ép. marge.

247 — Rockox (Nicolas) assis dans son cabinet. 1er des 3 états, avant la lettre en bas, et avant les noms de Platon, Séneque, les médailles, les trois lignes sur le buste dont la moitié de la chevelure regravée et poussée au noir; magnifique ép. très-rare.

248 — Le même 3e état, avec les armes dans le coin du haut, à droite, et le bas de la gravure diminué, pour y mettre les sept lignes de texte, très-belle ép.

249 — Lucas Vorstermans, par *Lucas Vorsterman* le jeune, très-belle ép.

Portraits non décrits, par Weber

250 — Alathea Talbot par *Hollar*, Joh. Meysens, superbe.

251 — Charles II, roi d'Angleterre, par *Hollar*, superbe.

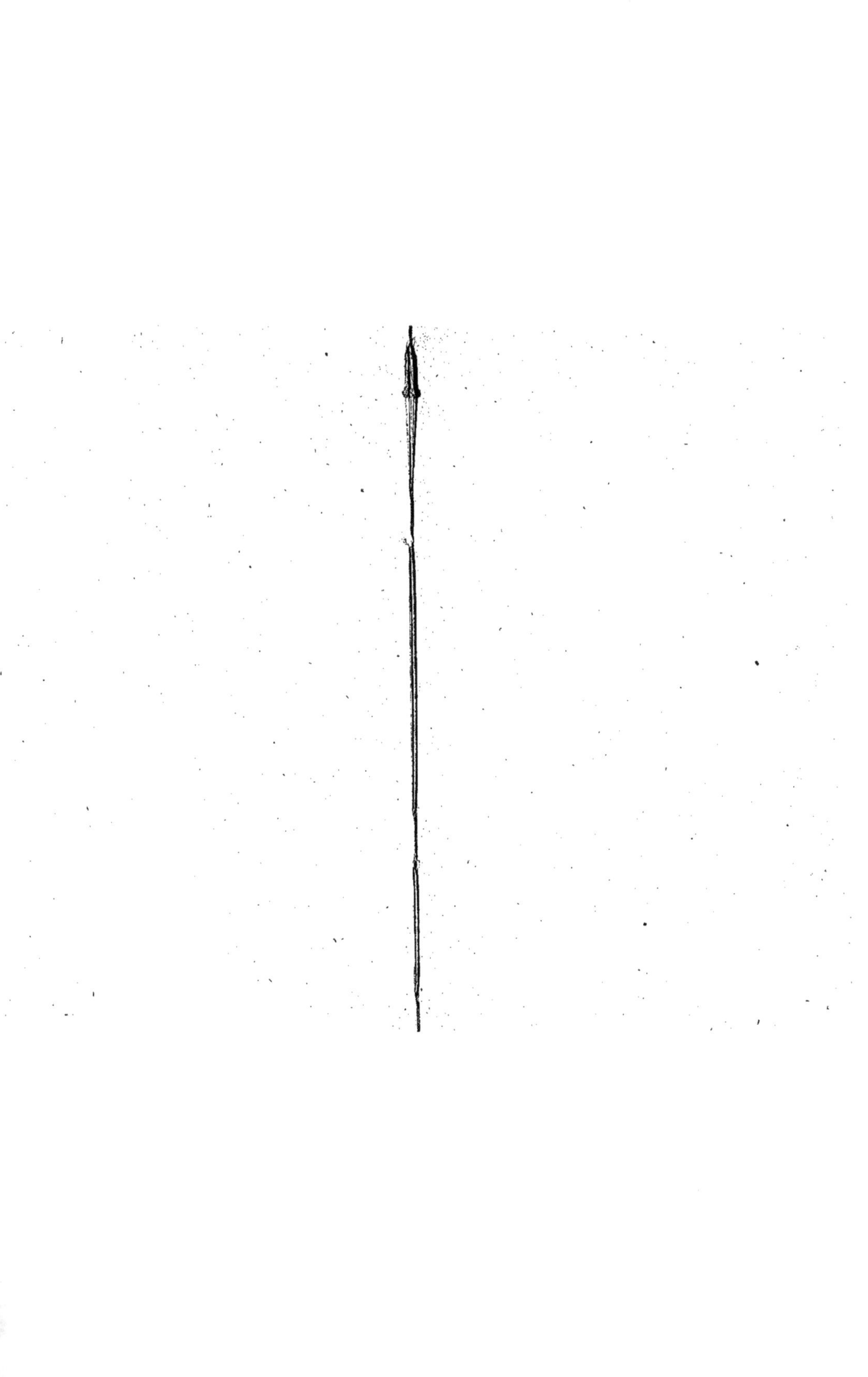

252 — CHARLES-LOUIS comte palatin du Rhin, *Hollar*, ép. avec marge.

253 — VAN DYCK au Tournesol, *Hollar*, très-belle ép.

254 — Duchesse de LENNOX, *Hollar*, Jean Meysens, belle ép.

255 — Comtesse de PORTLAND, *Hollar*, Jean Meysens, superbe.

256 — Lucas et Corneille de WAEL. *Hollar*, J. Meysens, superbe ép.

257 — Lucie PERCYE. Pierre de *Baillue*, Jean Meysens, magnifique ép., belle marge.

258 — Marquis de MIRABELLE, par A. *Blotelingh*, superbe.

259 — D. Anna WAKE, superbe ép. avant le nom, mais avec les noms d'artistes *Ant. Van Dyck pinxit* — *Petrus Clouet sculpsit*.

260 — La même, avec le nom, superbe ép.

261 — FERDINAND d'Autriche. *Pet. de Jode*, Jean Meysens, superbe.

262 — Adrianus STEVENS. *A. Lommelin*, très-belle ép. marge.

263 — CHARLES Ier. — HENRIETTE MARIE. 2 portraits par *Jean Meysens*.

264 — François Van de ER. *Joannes Meysens fecit.*

265 — ERNESTINA princesse de Ligne, Michel *Natalis*. Jean Meyssens, superbe ép.

266 — Josse de HERTOGE, *Jacobus Neefs sculp.*

267 — Henri comte Van den BERGHE. *Paul Pontius* magnifique ép. *A. Bon enfant excu.* In-fol.

268 — Le même in-4, par *de Marcenay*, superbe.

269 — ROBBERTVS comte palatin. Henri *Snyers*. Jean Meyssens, très belle ép.

270 — HENDERVKYS DV BOOYS. *Corn. Vischer*, très-belle ép.

271 — Helena Leonora de SIEVERI. *Corn. Vischer*, superbe.

272 — Jean comte de NASSAU, rond équarri. *Lucas Vorsterman*, superbe ép.

273 — La Dame à l'éventail, avant toute lettre, superbe ép., marge, très-rare.

274 — Pierre Simon de Bruxelles? avant toute lettre, superbe ép. très-rare.

275 — Les Comtes et Comtesses par *Lombart*: Henri d'Arundel — Philippe de Pembroke — Anna de Bedford — A. Sophia de Canarvaen — Lucia de Carlile — Margarita de Carlile — Elisabeth Castlehaven — Elisabeth Devoniæ — Penelope Herbert — Rachel Middlessex — Anna de Morton — Dorothée de Sunderland. Superbe suite de 12 portraits, magnifiques ép. avec marge.

276 DYCK (D'après Van). Charles Ier, roi d'Angleterre. — Henriette-Marie, sa femme. — Arthur Goodwin — Jane Goodwin — Philadelphia et Elisabeth Whartons — Margarett Smith — Lucy countess of Carlisle — Anne countess of Chesterfield — William Villiers — Lord vicount Chaworts, suite complète de 10 portraits in-fol en pied d'après les tableaux du cabinet Warton, 1638, gravés par *Gunst*.

277 — Le Cabinet des plus beaux portraits faits par le fameux *Antoine Van Dyck*, chevalier et peintre du roy. 125 portraits, très belles ép. Vol. veau portant sur le titre le cachet de la Bibliothèque de St-Ignace d'Anvers. Bel. exemplaire.

278 — Iconographie ou Vies des hommes illustres du XVIIe siècle, avec les portraits peints par *Van Dyck* et gravés sous sa direction. 2 tomes en un vol. in-fol, demi-rel., bel. ex. non rogné, en parfait état. 125 portraits.

279 — Catalogue de l'œuvre de *Van Dyck*, par et d'après. In-8, en français par HERMANN WEBER.

280 **Edelinck** (G.). St. Ambroise — St. Athanase — St. Bazile et St. Grégoire. 3 p. in-4. d'après *Champagne*.

281 — FLÉCHIER, in-4, d'après *Rigaud*, très-belle ép., marge.

282 **Edelinck** (N.). HOUDART DE LA MOTTE, remargé, très belle ép. in-4.

283 — Jacques DE TOURREIL, in-4, d'après *Benoit*. très-belle ép.

284 — Nicolas YERIEN, graveur, in-8, d'après *Jouvenay*, très-belle ép., avant-dernier état, marge.

285 **Elluin**. Marie DUMÉNIL — Rosalie DUPLANT. 2 actrices, in-4, très-belles ép. marge.

ŒUVRE DE FICQUET

8 286 **Ficquet** (Étienne). LODOVICO ARIOSTO, portrait in-8; (Faucheux 3). Superbe ép. avec la bordure entière. Haut. 155 sur 117 millim. *Titien pinx. — Car. Eisen del. — Ficquet sculp.* Caractère d'écriture sur une plate-bande de la bordure, belle marge.

2 287 — Le même LODOVICO ARIOSTO. La bordure effacée jusqu'aux oves. 133 sur 94. millim. *Titien pinxit — Car. Eisen del. Ficquet sculp.* en italique d'impression. L'on voit tout autour les marques de l'effaçage de la bordure. Superbe ép., marge.

4.50 288 — LODOVICO ARIOSTO, portrait in-12 (4). La
4.50 tablette blanche avant toute lettre, 3 superbes
5.50 ép., toute marge, seront vendues séparément.

6 289 — Le même, superbe ép. avec la lettre, toute marge.

2 290 — DE CHENNEVIÈRES (31). Superbe ép. avec
2.50 *Cincere*, marge, et 2 autres ép. même état,
1.50 petite marge, seront vendues séparément.

2 291 — Le même avec *Sincere*, très-belle ép. très-grande marge.

13 292 — M. TULLIUS CICERO (32). Superbe ép., la marge du cuivre entière. — Autre ép. superbe petite marge.

35 293 — PIERRE CORNEILLE (Faucheux 34. 2e état), avant les noms d'artistes. Superbe ép.. marge.

294 — Le même, avec les noms d'artistes. 2 ép. superbes avec marge seront vendues séparées.

295 — CRÉBILLON (57). 1er état. L'encadrement à l'eau-forte pure, le bouton blanc, très-rare, superbe ép., marge.

296 — Le même, l'entourage terminé. 2e état, avant les noms d'artistes. Superbe ép., marge.

297 — Le même, 3e état avec les noms d'artistes. 2 superbes ép. marge, seront vendues séparées.

298 — DESCARTES (39). Superbe ép. avant les noms d'artistes. Belle marge.

299 — Le même avec les noms d'artistes. Superbe ép., marge.

300 — CHARLES EISEN. La tablette blanche, la main et la perruque non terminées (51); la palmette du fauteuil est bien dessinée. Très-rare ép., très-peu de marge.

301 — Le même, la cravate presque blanche, et le nœud du doigt annulaire blanc. Magnifique ép., marge.

302 — Le même, terminé, superbe ép. marge.

303 — FÉNELON (58), avant les noms d'artistes. Marge. 2 ép. magnifiques. Seront vendues séparées.

304 — Le même, avec les noms d'artistes. Très-belle ép., sans marge.

305 — LA FONTAINE des Fables (61). La tablette en haut, blanche; les roses, le loup et l'agneau sont à l'eau-forte pure, le coin des scarabées est blanc. Superbe ép., très-rare marge.

306 — Le même, magnifique ép., avant le nom dans la tablette du haut couverte de tailles verticales, avant les noms d'artistes. Marge.

307 — Le même, superbe ép. avec les noms d'artistes, le ruisseau couvert de tailles. Belle marge.

308 — Le même, une partie des tailles du ruisseau ont été effacées. Très-belle ép., marge, remargée à claire-voie, très-grand in-8.

309 — LA FONTAINE des Contes (62). La tablette blanche, avant toute lettre. Magnifique ép., petite marge.

310 — F. DE LA MOTHE LE VAYER (84), avant les noms d'artistes, 3 ép. superbes, marge. Seront vendues séparées.

311 — Le même, superbe ép. avec les noms d'artistes, marge.

312 — LOUIS XV, avec le nom de *Fiquet*. Superbe ép., très-rare, tirée d'une planche d'argent.

313 — Marquise de MAINTENON (93). Superbe ép. sur papier double, toute marge.

314 — La même, très-belle ép., sans marge.

315 — MOLIÈRE, avec les noms d'artistes en grandes lettres, 2 ép. superbes. Seront vendues séparées, petite marge.

316 — Le même, les noms d'artistes en petit caractère. Très-belle ép., marge.

317 — Le même, pareil état, tirage sur chine, et une copie anglaise, pour comparaison. 2 p.

318 — MONTAIGNE, avec les noms d'artistes, 3 superbes ép., marge. Seront vendues séparées.

319 — MURETI EFFIGIES (105). Superbe ép., rare.

320 — REGNARD (122). Avant l'écriture sur la sphère. Superbe et très-rare ép., petite marge.

321 — Le même, avec l'écriture sur la sphère, avant les noms d'artistes. Magnifique ép., marge.

322 — Le même, avec les noms d'artistes, Superbe ép., marge. 2 ép. seront vendues séparées.

323 — Jean-Baptiste ROUSSEAU (131). La face du socle couvert de tailles horizontales. Superbe ép., avant toute lettre, marge.

324 — Le même, avec des points entre les tailles horizontales. Superbe ép., avant toute lettre, marge.

325 — Le même, avec la lettre, et les noms d'artistes. Très-belle ép., marge.

326 — Jean-Jacques ROUSSEAU (132). Avec l'entourage non terminé, la manchette blanche, avant les contretailles sur la sphère, et avant *Vitam impendere vero*. Superbe et très-rare ép., grande marge.

327 — Le même, l'entourage terminé, ainsi que la manchette, les contretailles et *Vitam impendere vero* sur le livre. Magnifique ép., avant les noms d'artistes, marge.

328 — Le même, 2 superbes ép., avec les noms d'artistes, grande marge. Seront vendues séparées.

329 — Le même, J.-J. Rousseau, très-belle ép., remargée à claire-voie.

330 — SAUGRAIN (135). Avant toute lettre, 1er état. Superbe ép., *ficquet* écrit au bas, petite marge.

331 — Le même, avec la lettre. Superbe ép., toute marge.

332 — Le docteur SWIFT (141). Très-belle ép., avec marge, venant du volume de lettres du comte d'Orreri. Rare.

333 — VADÉ (Jean-Joseph) (150), d'après *Richard*. 2 belles ép. Seront vendues séparées.

334 — VOLTAIRE (162), 1er état. Les ornements eau-forte pure. Superbe et très-rare ép., sans marge.

335 — Le même, 2e état, les livres du fond ombrés. Superbe ép., marge.

336 — Le même, 3e état, *non décrit*; le pied de la lyre n'a qu'une taille, la broderie de l'habit est dessinée, les ornements sont toujours à l'eau-forte pure. Superbe ép., marge.

337 — Le même, 3e état décrit, les ornements terminés, le cartouche blanc avant toute lettre. Marge, 2 superbes ép., avant les noms d'artistes. Seront vendues séparées.

338 — Le même, le cartouche blanc, avec les noms d'artistes. Superbe épreuve, marge. *E. Ficquet sc.* 1762.

339 — Le même, avec la lettre dans le cartouche ombré hriozontalement, et avec *E. Ficquet sculp.* 1762. Superbe ép., marge.

340 — Corneille. — Crébillon, sans marge collé. — Descartes. — Eisen, sans marge, collé. — La Fontaine des fables. — Molière, avec les grandes lettres, sans marge, collé. — Montaigne. — Saugrain, remargé à claire-voie. — Vadé, sur Chine. — Voltaire, remargé à claire-voie. — Voltaire, toute marge. 11 portraits Pourront être divisés.

341 — Portraits tirés des Peintres flamands de Descamps. VANDER MEULEN (96), 1er état. La cravate blanche et l'entourage à l'eau forte pure, très-rare. Superbe ép., sans marge.

342 — Le même terminé, avant le nom de *Ficquet*, 2e état. Superbe, petite marge, très-rare.

343 — Le même, avec le nom de *Ficquet* à la pointe, marge.

344 — Van Balen. — Brauwer. — Gaspard de Crayer. — Th. Romboust. — Rubens, 2 ép. — Wildens. 7 portraits avant le texte au revers, pourront être divisés.

345 — FONTANGES (duchesse de). Superbe ép., avec l'adresse d'Odieuvre, toute marge.

346 — La même, l'adresse effacée. — Gabrielle d'ESTRÉES, 2 p. belles ép., marge.

347 — N. Berghem, peintre. — Charles de Valois. — Arnaud d'Ossat, cardinal. 3 p. avec l'adresse, marge.

6 348 — Jean Bernoulli. — Mme de Miramion. — Chaulieu. — Ch. Dumoulin. — Lanfranc. — René Pucelle, 6 p. avec l'adresse, et entourage de Babel.

8 349 — J. Balue. — N. Berghem. — J. Bernoulli. — P. de Broussel. — Chabannes. — Charles XII. — Ch. Frédéric III. — Ch. Dumoulin. — Duquesne. — Lanfranc. — Le Courayer. — Louis V. — Louis VII. — Maimbourg. — Amb. Paré. — H. Rigaud. — Bernard de Saxe. — Comte de Toulouse. — Ch. de Valois. — Vavasseur, 19 p., l'adresse effacée. Très-belles ép., marge. Sera divisé.

Vig. 2 350 — L'abbé Prevost. Remargé à claire-voie, grande marge. Chiacon 10

2.50 351 — Le même, remargé, collé en plein, grande marge.

2 352 — Charles XII. — Chaulieu. — Alex. Farnèse. — Comte d'Harcourt. — Mignard. — Cardinal d'Ossat. — Silva, 7 p., sans marge, plusieurs remargées.

Vig. 9.50 353 **Fiesinger.** Généraux et députés. In-8. 11 p., toute marge. Lemaignan 6

Vig. 4.50 354 **Folkema.** Quatre Personnages hollandais du nom de Juel, avec allégories guerrières et maritimes. In-8. Magnifique ép., marge. Bologne 10 Godin 4

1.50 355 **Fontaine.** Schiller, buste. Petit in-4. Très-belle ép. sur chine, marge, petit in-fol.

Vig. 10.50 356 **Forssell.** Marie-Antoinette. In-8. Superbe ép., marge. Sebastiaan 2. Bardin x Meyer 10.

357 **François.** Marguerite-Claude Denis, née de Foissy. — J.-François Denis, trésorier des bâtiments du Roy, 1763. 2 p. in-4. Sanguine. Très-belle ép.

358 — J.-Ch. de Ségur, évêque de Saint-Papoul. — Marie A. Fr. de Ségur de Ponchat, abbesse de Gif. 2 p. in-4., marge.

359 **Gaillard.** N. Foucquet. In-8, d'après *Nanteuil*, marge.

360 **Galerie de Versailles.** Portraits des Rois de France. 66 p. in-8 sur chine. Superbe exemplaire.

361 — Portraits de Célébrités, tirées grand in-8, en buste, en pied, et statues. 412 p., quelques-uns rognés.

362 **Galle** (Corn.). *Piis manibus Philipi Rubeni Sacr.* 2 superbes ép. avant et avec la lettre.

Œuvre de Gaucher

363 **Gaucher** (Charles-Étienne). Son portrait par son élève et ami *P. de B.* Superbe ép. La tablette et ses noms tracés à la pointe, sans marge. — Le même, retouché, avec la lettre, marge. 2 p., rares.

364 — St.-J. de Boufflers de l'Institut. In-8. Belle ép., toute marge.

365 — Cailhava (J.-Fr.), auteur dramatique. In-8. Très-belle ép., toute marge.

366 — CARCADO (Comtesse de). Superbe ép. in-8, petite marge. Très-rare.

367 — Comtesse DU BARRY, d'après *Drouais*. Médaillon entouré de roses. Superbe ép., à Paris, chez l'auteur. In-8, petite marge.

368 — Comtesse DU BARRY, la même. Superbe ép., adresse chez Bligny. Petite marge in-8.

369 — DUPATY (Ch.-Marg.-J.-B.), président à Mortier au Parlement de Bordeaux. In-4, d'après *Notté*, marge. Très-belle ép.

370 — DUVEYRIER (H.-M.-N.), Député suppléant de Paris, 1789. In-8. Très-belle ép., marge.

371 — ESTAING (Ch.-H. comte d'). Grand in-4 d'après *Sablet*.

372 — FRÉRON (E. C.). In-4, d'après *Cochin*. Superbe ép., marge.

373 — GAIL (J.-B.). Très-petit portrait, de la plus grande finesse, d'après *Le Barbier*. Superbe ép., in-12 toute marge.

374 — GILET (Louis), maréchal des logis, avec la scène au bas, où il défend la jeune fille. In-4.

375 — GUÉRIN (C.-M.), chirurgien-major. In-4, d'après *Cochin*. Superbe ép., marge.

376 — LA FONTAINE. Très-petit ovale, 1er état très-rare, avant la petite bordure ovale qui passe sur les noms d'artistes. Superbe.

377 — Le même, 2e état, avec la bordure. Très-belle ép.

378 — LAROCHEFOUCAULD (Fr. VI duc de). In-12. Superbe ép. La tablette blanche, marge in-8.

379 — Le Bas, graveur. Médaillon couronné par la Gravure et le Génie du dessin, d'après *Cochin*. Magnifique ép. in-8. Avant les deux lignes au bas, marge in-4.

380 — Le même, avec les deux lignes. Superbe ép., grande marge.

381 — Le Normand du Coudray. Rond équarri d'après *Le Gay*. Belle ép., marge.

382 — Le Normand du Coudray. Médaillon attaché à un arbre entouré d'attributs, un chien, un coq, etc. Magnifique ép. grand in-8. Avant toute lettre, grande marge.

383 — Louis-Auguste dauphin (Louis XVI). Superbe ép. Avant toute lettre, belle marge, grand in-8.

384 — Le même, avec la lettre. Superbe ép., toute marge.

385 — Marie-Cécile, fille d'Achmet III, née en 1710, eau-forte pure, plus grand que le portrait terminé. Extrêmement rare, marge.

386 — Marie Leczinska. Charmant portrait entouré de roses, d'après *Nattier*. Superbe ép. Avant le texte au revers.

387 — Métastase, poëte. In-8, d'après *Steiner*. Très-belle ép., toute marge.

388 — Montausier (duc de). Magnifique ép., d'après *Ferdinand*. Grande marge.

389 — Racine (J.). In-8, d'après *Santerre*. Magnifique ép., marge, rare de cette beauté.

390 — SAINT-MARC (Jean-Paul-André de). In-8, d'après *Thomire*. Superbe ép., remargée à claire-voie.

391 — L'abbé SICARD. Grand in-8, d'après *Jauffret*.

392 — TIBULLE. Les Graces et les Amours l'entourent de fleurs. In-8 d'après *Cochin*. Charmante composition, très-grande marge.

393 — Charles VILLETTE, Député à la Convention. In-8, remargé à claire-voie.

394 **Gaultier** (L.). HENRI IV coiffé d'une toque à plume. In-8, remargé à claire-voie.

395 **Germain**, à Neuilly, 1773. Plus de 80 très-petites têtes groupées et réunies, eau-forte. In-4, remargé à claire-voie.

396 **Geyser**. D. CHODOWIECKI. In-8 d'après *Zingg*. Belle ép., rare.

397 **Guérin** (D'ap.). Les généraux de la République et de l'Empire, par *Fiesinger Roger* et autre. 12 p. petit in-folio. Superbes ép., toute marge.

398 **Habert**. SCARAMOUCHE. In-4, avant toute lettre, les noms et titres sont à l'encre au bas. Superbe ép.

399 **Hardivillier**. MARIE STUART. Ép. d'artiste, avant le nom de l'artiste. — La même, avec le nom. Superbes ép. avant la lettre sur chine, 2 p. toute marge.

400 **Hollard**. Jacobus van Es, d'après *Meyssens*, petit in-4. Superbe.

401 **Hopwood.** Apollon entouré des portraits de sept auteurs et poëtes classiques. In-8 d'après *Desenne.* Très-belle ép., remargée comme chine.

402 — Lafayette. — Louis-Philippe. — Ferdinand Philippe d'Orléans. 3 p. avant la lettre. In-8 toute marge.

403 **Houbraken.** LEICESTER et personnages hollandais. 6 p. in-8. Très-belles ép.

404 — LOUIS XV. In-4 d'après *Heilman.* Superbes ép. avant et avec la lettre. 2 p., marge.

405 **Hubert.** Le duc de NIVERNOIS. (Mazarini Mancini). Grand in-8 d'après *Vigée.* Superbe.

406 — MARIE THÉRÈSE, comtesse d'Artois. Grand in-8, marge.

407 — La Roche Saint-André. — Valbelle. 2 p. Grand in-8, marge.

408 **Hubert.** SAGE (B. G.), académiciens. Grand in-8 avant toute lettre. Superbe.

409 **Hubner** 1795. J. FROBENIUS, typographe. Grand in-4. d'après *Holbein.* Superbe.

410 **Huot.** N. DE LAUNAY, graveur du Roy. In-4 d'après *Saint-Aubin.* Superbe ép., grande marge.

411 **Ingouf** le jeune. J. J. FLIPART, graveur du Roy. In-4. Superbe ép., marge.

412 **Jacquinot** (Mlle). E. P. A. GOIS, sculpteur. In-4 d'après *Dumont.* Très-belle ép., marge.

413. — Edme Sébastien JEAURAT, doyen des astronomes. In-4 d'après *Gois*. Superbe ép., toute marge.

414. **Jode** (P. DE). Simon BOSBOOM. Petit in-4 d'après *Stocade*. Magnifique ép.

415. **Klauber**, Charles-Philippe. — Jean Guillaume, comtes palatins du Rhin. Petit in-fol., marge. 2 p.

416. **Langlois**. Marie-Élizabeth JOLY, du Théâtre-Français. Grand in-4 marge.

417. **Langlois** (J.). Jean PETRE, doyen des syndics. Grand in-4, d'après *Nanteuil*. Marge.

418. **Larmessin**. Ch. Hon. d'ALBERT, duc de Chevreuse. In-4. Très-belle ép., marge.

419. **La Roussière**. M. de Fougerolles. In-4.

420. **Le Mire** (N.). BERNIS, cardinal. Très-petit ovale, d'après *Callet*. In-12. Très-belle ép., toute marge.

421. — L. A. DE GRIMALDI, évêque de Noyon. In-4. Superbe ép., toute marge.

422. — JOSEPH II. Très-petit portrait d'une finesse remarquable. Superbe ép., très-grande marge.

423. — Le même. Superbe ép. la marge du cuivre.

424. — LAURE et PÉTRARQUE, 2 très-petits ovales. — Laure et Pétrarque, ovales équarris, avant la lettre. 4 p. superbes, remargées.

425. — LOUIS XV — HENRI IV. Deux très-petits ovales entourés, réunis sur un fond de lignes horizontales. In-12 en travers. Très-belle ép., toute marge.

426 — Louis XVI. In-4. Avant le nom de l'artiste. Très-belle ép., marge.

427 — Louis XVI — Marie-Antoinette. 2 petit in-fol. Médaillons entourés de figures allégoriques, d'après *Moreau*.

428 — Piron (Alexis). In-8. Superbe ép., toute marge.

429 **Lempereur.** Mme du Chastelet. In-4 d'après *Monnet*.

430 **Lepicié.** Mme de Maintenon. In-8, marge.

431 **Leroux.** Bellart, procureur du roi. Ovale in-8. Avant la lettre. Toute marge.

432 **Levasseur.** Paul de La Roche, peintre, d'après *Buttura*. Superbe ép. sur Chine. Petit infol. toute marge.

433 **Levesque**, 1772. Jean Causeur, âgé de 130 ans. — Aug. Eugène Hay, écuyer. 2 p. in-4.

434 **Lignon.** Boileau. In-8. Avant toute lettre, sur Chine. Magnifique ép., toute marge.

435 — Général Le Tort. Ovale entouré de lauriers. Très-belle ép. Avant la lettre. Toute marge.

436 **Lingée** (Mme). Lenoir, lieutenant de police. Petit in-fol. d'après Pujos. Très-belle ép.

437 — Mme la marquise de Villette (Belle et Bonne de Voltaire). In-4. Très-belle ép., rare.

438 **Littret.** Marquise de Pompadour. In-4. Profil dans un médaillon entouré de roses, d'après *Schenau*. Superbe ép., toute marge.

5.50 439 **Macret.** Joseph LE GROS de l'Académie de musique. 1er état avant l'adresse de Crépy et 2e état. 2 p. in-4. Superbes. ép.

4.50 440 **Mark.** MARIE-LOUISE, grande duchesse de Toscane. Joli petit portrait ovale équarri, orné de roses. Superbe ép.

53 441 **Masquelier.** BUSSY-RABUTIN. Magnifique ép. In-8. Avant la lettre, la tablette blanche, sur Chine. Toute marge, très-rare.

12 442 — J. B. DE GRIGNAN, coadjuteur d'Arles. Magnifique ép. In-8. Avant la lettre, la tablette blanche sur Chine. Toute marge, très-rare.

13 443 — Le même, la tablette ombrée et le nom à un trait. Superbe ép. In-8. Toute marge, rare.

25 444 — SÉVIGNÉ (Marquise DE). La tablette ombrée. Magnifique ép. In-8. Avant la lettre sur Chine. Très-grande marge, rare.

14 445 — La même, même état sur blanc. Toute marge. Superbe.

24 446 — SÉVIGNÉ (Charles, marquis DE). — Henri, marquis DE SÉVIGNÉ. 2 portraits, lettres à un seul trait sur Chine, non fixé. In-8. Superbes et très-rares.

21 447 — SIMIANE (Marquis DE). La tablette ombrée. Magnifique ép. In-8. Avant la lettre sur Chine. Très-grande marge, rare.

16 448 — La même, les noms à un seul trait. Superbe ép., toute marge.

449 **Massard** (J.). MARIE-ANTOINETTE. Extrêmement petit portrait de la plus grande finesse. Superbe ép., marge, très-rare.

450 **Massol**. JOUY. Lettre grise. — CALDERON. — SHAKESPEARE. Avant la lettre sur Chine. 3 p. In-8. Toute marge.

451 **Mellan**. BLACUADEUS, médecin. Grand in-8.

452 — PHILARAS. In-4. Avant la planche coupée.

453 **Miger**. BUCAN, médecin écossais. In-8. Superbe ép., toute marge.

454 — Mme GEOFFRIN. In-4. Avant la lettre, remargée comme Chine. Très-rare.

455 — Princes et princesses de la famille de Bourbon. 11 p. petit in-4, marge.

456 **Moitte**. DANDRÉ BARDON. In-4 d'après *Roslin*.

457 — Jean Nicola MOREAU, premier chirurgien de l'Hôtel-Dieu de Paris. In-4 d'après *Cochin*. Superbe ép., grande marge.

458 **Moncornet**. Célébrités françaises et étrangères. 13 p.

459 MOREAU le jeune, 1774. MARIE-ANTOINETTE, profil à droite. Médaille entourée de roses sur des nuages. **Dessin original** au bistre. Signée.

460 — La gravure de *Gaucher*, profil à gauche, d'après le dessin ci-dessus, pour la Vie de Marie-Thérèse. Superbe ép. Avant le texte gravé, toute marge.

461 — JOSEPH II, profil à droite. Médaille avec attributs de chaque côté. **Dessin original**, signé *J. M. Moreau le jeune*, 1774. Plume et bistre.

462. — La gravure de *Gaucher*, profil à gauche, d'après le dessin ci-dessus pour la Vie de Marie-Thérèse. Superbe ép. Avant le texte gravé, toute marge. In-8.

463. — M. de Jarente. In-12 en travers, par *Voyez* l'aîné, 1771. Superbe ép., toute marge, très-rare.

464. — La Fontaine. Médaillon entouré de la Vérité, la Morale, l'Histoire, la Renommée, etc., par *N. Le Mire*. Superbe ép., remargée à claire-voie. Très-rare.

465. — La France pleure sur le médaillon de Louis XV. In-8 en travers, par *Lempereur*.

466. — Phelippeaux, duc de la Vrillière, étant jeune. Rond in-12. Avant toute lettre, très-rare. Superbe ép., marge du cuivre.

467. — Plus âgé. Rond. *J.-M. Moreau le jeune*, 1769. In-12. Superbe et rare ép. Avant l'encadrement, grande marge.

468. — Le même, avec l'encadrement. In-8, d'après *Hall*. Superbe ép. Avant la lettre dans la tablette, grande marge.

469. — Pineau, sculpteur. In-12. *J. M. Moreau le jeune*, 1770. Charmant portrait entouré de lierre. Magnifique ép., belle marge.

470. **Morghen.** Campionnet, général. Petit in-4. Superbe ép., marge.

471. **Nicollet.** Le Seur, professeur de mathématiques. In-4, d'adrès *Cochin*. Superbe ép., grande marge.

472 **Odieuvre** (Suite d'). Charles-Albert duc de Luynes. In-8. Avant la lettre, marge. Très-rare.

473 — Roi de France. — Othon III. 2 p. in-8. Avant toute lettre, marge. Très-rares.

474 — Célébrités diverses. Superbes ép. imp. dans des encadrements rocailles. 20 p.

475 — Par *Ficquet et Mellan*. 6 p. superbes, avec marge.

476 — Avec l'adresse. Artistes peintres, etc. 20 p. marge.

477 — — Clergé. 10 p. superbes, avec marge.

478 — — Femmes célèbres. 10 p. superbes, marge.

479 — — Célébrités françaises et étrangères. 62 p. 2 lots.

480 — Adresse effacée. Artistes peintres. 23 p. marge.

481 — Femmes célèbres, 10 p. Avec marge.

482 — Clergé, Papes, etc. 12 p. Marge.

483 — Musiciens, Médecins, Ecrivains. 10 p. marge.

484 — Célébrités diverses. 64 p. 2 lots.

485 **Pannier.** LOUIS-PHILIPPE, roi des Français, d'après *Winterhalter*. Magnifique ép. Avant la lettre sur chine. Tirage petit in-fol.

486 — Jean RACINE, d'après *Edelinck*. In-8. Magnifique ép. sur chine. Tirage petit in-fol.

487 **Paroy** (Comte de). Mme Vigée Le Brun. Très-rare ép. avant d'être terminée, l'ovale à peine indiqué.

488 **Pas** (C. de). Paul V, pape. In-8. Très-belle ép.

489 **Pauquet** (Collection). Clovis. — Louis XI. — François Ier. — Charles IX. — Henri IV. — Mme de Pompadour. — Louis XVI. — Marie-Antoinette. — Bonaparte, consul. — Napoléon Ier. — Joséphine. — Napoléon II. — Hortense. — Eugène, en buste. — Napoléon Charles-Bonaparte, prince royal de Hollande, buste. — Napoléon III, debout. — Assis. — Eugénie, buste. — A genou. — Debout. — Petit prince, enfant. — Jérôme, buste. — Son fils, buste. — Mathilde, buste. — Duc de Bergh, buste. — Nicolas, emp. de Russie. — Alexandre. II. — Abdul-Medjid. 28 p. Superbes ép. avant la lettre sur chine, toute marge.

490 — Doubles des précédents. 17 p. Superbes et de même état.

491 **Pelée**. Hoffman. In-8, d'après *H. Dupont*. Avant et avec la lettre. 2 p., toute marge. Superbe.

492 **Petitot** (D'après). Duchesse de Montpensier. — Mlle de Montpensier. — F.-M. d'Orléans. — M.-L. d'Orléans. 4 p. Avant toute lettre sur chine. In-8, par *Kœnig* et autres. Superbes ép., toute marge.

493 **Picart** (B.). Jules César, médaillon entouré figures allégoriques. Grand in-8. Magnifique ép., marge.

494 — Jean Hus, Jérôme de Prague, Jean Wiclef, Jean Zisca, duc d'Autriche, Rois de Bohême, etc. 9 p. in-4. Très-belles ép., marge.

495 **Pitteri** (Marcus). Maffei. In-4. Belle ép.

496 **Pontius** (P.). Jean de Heem. Petit in-fol., d'après Jean *Lyvyus*. Martin van den Enden *excudit*. Très-belle ép.

497 — Daniel Segers, jésuite, peintre de fleurs. Petit in-fol., d'après Jean *Lyvyus*. Superbe ép. Martin van den Enden *excud.*

498 — Henri comte de Nassau, d'après Jean *Meyssens*. Très-belle ép.

499 **Reynolds** (S. W.). Sir Wm Fawcett. Grand in-8, d'après sir Joshua *Reynolds*. Superbe ép., toute marge.

500 **Ribault**. Boileau. In-8. Magnifique ép. Avant toute lettre, toute marge.

501 **Roger**. Jomini, général. Ovale grand in-8, toute marge.

502 — Duc d'Anjou. — Louis XVI. — Charles X. 3 p. avant la lettre. — Le grand Dauphin. — Duc d'Enghein. 5 p. in-8, toute marge, et Louis XVI. 6 p.

503 **Romanet**. Guil. Perrier. In-4. Très-belle ép.

504 — Mme Vence, de Saint-Vincent. In-4. Très-belle ép., grande marge.

505 **Rousseau**. J.-B. Descamps, peintre de l'Académie de Rouen. In-4 d'après *Cochin*. Magnifique ép. avant la lettre et avec la lettre. 2 p., toute marge.

506 **Saint-Aubin** (Aug. de). A.-J. AMELOT, secrétaire d'état. In-4. Superbe ép., toute marge.

507 — BEAUMARCHAIS. In-4. Eau-forte pure d'après *Cochin*. Superbe ép., très-rare, marge.

508 — BEAUMARCHAIS. In-4, terminé. Magnifique ép., belle marge.

509 — CAROLUS pr. reg. Poloniæ dux Sax. Curl. et Semig. In-4. Superbe ép., marge.

510 — FENOUILLOT de falbaire de Quingey. In-8. Superbe ép., toute marge.

511 — FRANCKLIN (Benjamin). In-4. Belle ép., marge.

512 — GLUCK. Médaillon entouré de chênes, d'après la cire de *Kraft*. In-8. Superbe ép. Marge in-4, rare.

513 — HENRI IV, avec attributs. In-8. Eau-forte pure, toute marge. — Terminé avant le nom sur le support, sans marge. — Avant les noms d'artistes. Magnifique ép., toute marge. 3 p.

514 — HOMÈRE, lettre grise. In-8. Superbe ép., toute marge.

515 — LINGUET. Médaillon entouré de figures allégoriques. In-8.

516 — J.-B. LULLY. In-4 d'après *Cochin*, remargé à claire-voie.

517 — MARIE DE MÉDICIS, d'après *Pourbus*. In-8. Superbe.

518 — NECKER. In-8. Superbe ép., toute marge.

519. — Duc d'Orléans. Titre de l'ouvrage sur les médailles. Très-belle ép., marge.

520. — POMPADOUR (Madame de). In-4 d'après *Cochin*. Superbe ép.

521. — Ant. René de VOYER, marquis de Paulmy. In-4 d'après *Le Carpentier*. Très-belle ép., marge.

522. — Linguet, sans marge. — Marmontel. 2 p. in-8.

523. — Dumont le Romain. — Pierre. 2 portraits de peintres. In-4 d'après *Cochin*. Très-belles ép., marge.

524. — L'abbé Pommyer. — Roettiers (Jacques). Marge. 2 p. in-4 d'après *Cochin*. Très-belles ép.

525. — La Motte piquet. — Montaigne. 2 p. in-4. Belles.

ŒUVRE DE SAVART

526. **Savart** (Pierre). D'ALEMBERT (Faucheux 1). 1er état avant toute lettre. 2 ép. superbes, marge. Seront vendues séparées.

527. — Le même, sans le mot à l'Immortalité dans la banderolle, avec le nom dans la tablette, et les noms d'artistes. Superbe ép., marge.

528. — Le même, dernier état, avec la sphère à la place du caducée. Belle ép. sur Chine, toute marge.

529 — Bayle (Pierre) (2), avant toute lettre. Superbe ép., grande marge.

530 — Le même, avec la lettre. Très-belle ép., petite marge.

531 — Bernis (Cardinal Pierre de) (3). 1er état avant la lettre. Superbe ép., grande marge.

532 — Le même, avec la lettre. Superbe ép., marge.

533 — Boileau (4). 1er état, avec *Barrière du Fond-Taraby*. Superbe ép., toute marge.

534 — Le même, rue Percée. Belle ép., sans marge, doublée.

535 — Boileau, carré (5). 2 ép. très-belles, dont une grande marge. Seront vendues séparées.

536 — Bossuet (6). Très-belle ép. avec Barrière de Fontarabie. Petite marge.

537 — Le même, même état, mais l'adresse coupée. Très-belle ép., sans marge.

538 — Le même, terminé, l'adresse effacée; il n'y a plus que trois queues de serpents. 2 superbes ép., toute marge. Seront vendues séparées.

539 — Buffon (9). 1er état avant toutes lettres. Superbe ép., belle marge.

540 — Le même, 2e état, avec la lettre. Superbe ép., toute marge.

541 — Le même, avec la lettre, sans marge, remargé en plein, et une copie, la tête seule, dans un ovale, avant toute lettre. 2 p.

542 — CATINAT (10). 1er état avant toute lettre. 2 superbes ép. avec marge. Seront vendues séparées.

543 — Le même, avec la lettre. Superbe ép., belle marge.

544 — CHEVERT, portrait non terminé, l'ovale seul; la seule ép. connue décrite (Faucheux 11). D'une grande rareté.

545 — CHRISTIAN VII (13), roi de Danemarck. 2 très-belles ép. avec et sans marge. Seront vendues séparées.

546 — COLBERT (14). Superbe ép., adresse rue Percée, grande marge.

547 — Dessin par *Legrand*, d'après Savart. Mine de plomb sur vélin.

548 — CONDÉ (Louis de Bourdon) (15). 1er état non décrit; la partie de l'ovale, sous la bataille, est blanc, avec les noms d'artistes, avant l'adresse. Superbe et très-rare ép., marge.

549 — Le même, avec bataille de Rocroy sous la bataille, et avec l'adresse rue Percée. Superbe ép., marge.

550 — DESHOULIÈRES (Madame) (16). Superbe ép., 1er état avant toute lettre, marge.

551 — La même, même état. Superbe ép., sans marge.

552 — La même. Très-belle ép. avec la lettre, toute marge.

553 — DIANE et ENDYMION (17), avant toute lettre. Magnifique ép., grande marge.

554 — DIANE et ENDYMION. Superbe ép. avec la lettre, toute marge.

555 — FÉNELON (18). 1er état, adresse Fontarabie. 2 superbes ép. avec marge. Seront vendues séparées.

556 — Le même, même état. Superbe ép., petite marge.

557 — Le même, 2e état, adresse rue Percée. Très-belle ép., belle marge.

558 — FONTENELLE (20), avec la lettre. 2 superbes ép. Seront vendues séparées.

559 — Le même; la partie de l'entourage, en bas, est effacé. Très-belle ép., toute marge.

560 — LA BRUYÈRE (8). 1er état. Magnifique ép. avant toute lettre, marge.

561 — Le même, même état. Superbe ép., petite marge.

562 — Le même, avec la lettre. Très-belle ép. toute marge.

563 — LA FONTAINE (19). Superbe ép., grande marge.

564 — NICOLAS de LIVRY, abbé de Sainte-Colombe (22), avec le bas-relief et les noms d'artistes *P. Savart, sculp., 1773*. Très-belle ép., marge.

565 — Le même, le bas-relief effacé, remplacé par une tablette avec les noms. Superbe ép., grande marge.

566 — LOUIS le GRAND (23). Magnifique ép., adresse Barrière de Fontarabie, toute marge.

567 — LOUIS LE GRAND, même état, petite marge. Superbe ép.

568 — Le même, adresse rue Percée. Superbe ép., très-grande marge.

569 — Le même, même état. Superbe ép., belle marge.

570 — LOUIS XVI (24), gravé par Mlle Savart, sous les yeux de son frère. Superbe ép., toute marge, avec le n° 185 en haut.

571 — MARIE-ANTOINETTE (26). — LOUIS XVI (25). 2 extrêmement petits portraits, séparés, de la plus grande rareté. Superbes ép., petite marge.

572 — MONTALEMBERT (Marc-René, marquis de). In-4 (27), 1er état. Superbe ép. avant l'adresse.

573 — MONTESQUIEU (28). 1er état. Superbe ép. avant toute lettre, marge.

574 — Le même, 2e état avec la lettre. 2 superbes ép., marge. Seront vendues séparées.

575 — RABELAIS (29), 1er état. Superbe ép. avant toute lettre, marge.

576 — Le même, même état. Superbe ép., papier azuré, marge.

577 — Le même, avec la lettre. Très-belle ép., petite marge.

578 — RACINE (Jean) (30). Très-belle ép., Barrière Fontarabie, petite marge.

579 — Le même. Superbe ép., sans marge.

580 — Le même, rue Percée. Très-belle ép., marge.

581 — Richelieu, Cardinal (31). Le portrait dans l'ovale seul; le fond d'une seule taille horizontale. L'entourage est le dessin original. Plume lavée de bistre, par Moreau le je (?). De la plus grande rareté, avant le 1er état décrit.

582 — Le même, 1er état, avant toute lettre. Magnifique ép., belle marge.

583 — Le même, même état. Belle ép., marge.

584 — Le même, avec la lettre. Très-belle ép., belle marge.

585 — Rousseau (Jean-Jacques) (32). Superbe ép., grande marge, très-rare.

586 — Torquato Tasso (34). Superbe ép., 1er état, avant l'adresse, grande marge.

587 — Le même, même état. Superbe ép., petite marge.

588 — Catinat, sur Chine. — Fontenelle. — Louis le grand, remargé. — Racine. 4 p. avec marge.

589 **Schenck.** L. Smids, amateur. Ovale in-4, manière noire.

590 **Schiavonetti.** Paul Ier, empereur de Russie. Grand in-4.

591 **Schmidt**, d'après *Cochin*. René-François de Beauveau, archevêque de Narbonne. In-8 en travers. Superbe ép., marge, pour son oraison funèbre.

592 **Schuppen** (Van). Mme Deshoulières. In-8 d'après Sophie *Cheron*; adresse chez Villette. Belle marge, rare.

593 — Louis XIV. Petit in-fol., 1er état, très-rare, avant les quatre devises dans les coins, et avant 1667. Ép. de la collection de *Lajarriette*.

594 — François et Pierre PITHOU, 2 p. petit in-fol.

595 **Sergent.** Le vicomte de BEAUHARNAIS. In-4.

596 **Sharp.** Thomas PAYNE. In-4 d'après *Romney*.

597 **Sisco.** BOILEAU. Ovale in-8 avant toute lettre, sur chine. Magnifique ép., toute marge.

598 **Tardieu** (P.-A.). LE COMTE D'ARONDEL. In-4. Magnifique ép. avec le nom en lettres anglaises, marge, d'après le tableau de *Van Dyck*, de la galerie du Palais-Royal. Très-rare de cet état.

599 — HENRI IV, en pied, d'après *Pourbus*. Superbe ép. avec les armes, avant la lettre, marge.

600 **Tardieu** (J.). AUNILLON, abbé du Gué, etc. In-4.

601 **Thomassin.** JACQUES II, roi de la Grande-Bretagne, in-8. très belle ép.

602 **Titien** (D'après). Sa Maîtresse à mi-corps. Superbe ép. petit in-fol. *Franciscus Vanden Wyngaerde excudit.*

603 **Vangelisty.** D'ARGENVILLE. In-4, d'après *Rigaud*. Superbe ép, avant la lettre.

604 — (Collection). Célébrités de Magistrats, Militaires, Princes, etc. 34 p. in-4.

605 **Volpato.** Le Prince Louis de GONZAGUE. Grand in-8. Très belle ép., grande marge.

PORTRAITS CLASSÉS PAR NOMS

DE PERSONNAGES

606 **Adam Billaut**. Grand in-8, par *Fontaine*, avant la lettre. Grande marge. — Le même, MAÎTRE ADAM, avec la lettre, toute marge. 2 p. Superbes.

607 **Agnès Sorel**. *Petit*, suite de Desrochers, — *Th. Frere*. 2 p. in-8.

608 **Agnoste**. Auteur supposé de la Satyre Menippée in-8, sans marge, rare.

609 **Aiguillon** (Duchesse d'). In-8, par *Perrot* fils, lettre grise, la tablette blanche, sur chine. Superbe ép. toute marge.

610 **Angoulême** (Duc). Ovale in-8, avant toute lettre — Duchesse, in-8 claire-voie — Vignette, la Duchesse à Bordeaux. 3 p. très-belles.

611 **Ankarstrom**, assassin de Gustave III, roi de Suède ; il est enchaîné au poteau. Grand in-8. Très-rare. — De la collection Bonneville. Remargé. 2 p.

612 **Aquaviva** (Claude), général des Jésuites, par *H. Wierix*. — Deprofil, par *Th. Galle*. 2 p. in-8. Magnifiques ép.

613 **Autriche** (Archiduc d'), petit portrait entouré de figures allégoriques de la suite, rare, de *Crespy*.

614 **Bart** (Jean). Buste, *Forestier*, avant la lettre chine. — P. Alex. *Tardieu*. — *Hubert*. 3 p. in-4.

615 **Beaumarchais**. In-8, avant toute lettre, très-grande marge, superbe ép. Sur la tablette on a mis un timbre: Do-St-S.

616 — Par *Ethiou*. Superbe, ép. in-8, avant la lettre, toute marge.

617 **Beaumont** (Francis). In-8. Superbe ép. sur chine, toute marge.

618 **Beauveau** (René François de), archevêque de Narbonne, in-8 en travers, par *Schmidt*, pour son oraison funèbre. Très-belle ép. doublée.

619 **Belloy** (De), citoyen de Calais, par *Saint-Aubin* et autre. 2 p. in-8.

620 **Bergami**. In-8, par *Page*, remargé comme chine.

621 **Bernard** dit Gentil, réduction in-8 du portrait in-fol. de Gauffecourt. Très-belle ép. *Delvaux* d'après Nattier, toute marge.

622 **Bernardin de Saint-Pierre**. Par *Lignon* — *Wedgwood* — et âgé ovale, par *Roger*. 3 p. in-8. Superbes ép., toute marge.

623 **Berry** (Duc) par *Bertonnier*, lettre grise. — Sa mort par *Blanchard*, avant la lettre. — Naissance du duc de Bordeaux. — La Duchesse et ses enfants par *Vallot*, avant la lettre. 4 p. dont 2 sur chine. Superbes ép., toute marge.

624 **Berwick** (Jacques Fitz-James duc de). Charmant portrait in-8. Superbe ép., toute marge.

625 **Bichat** (Xavier). In-8 par *Adam*, superbe ép. toute marge.

626 **Boileau**. Par *Delaunay* avant la lettre ; — par *Jacquemin* sur chine. 2 p. in-8 toute marge.

627 — par *Lignon*, avant toute lettre, très-rare — par *Massard*, avant la lettre. 2 p. sur chine superbes toute marge.

628 — Par *Bavenet*, 1740. — *E. Voysard* avant la lettre. 2 p. très-belles ép. in-4.

629 **Boissardus** (Jean Jacques) æt. 52. Ovale grand in-8. Rare.

630 **Bonnard** (Bernard de Bonnard), poëte, in-8, par *De Launay* d'après Vestier. Belle ép.

631 **Bossuet** en pied d'après Rigaud, grand in-8. Eau-forte pure par *Pauquet* ; avant toute lettre ; terminé par *Dupreel*, avant la lettre. 3 p. superbes, toute marge.

632 — Ovale entouré d'attributs, in-8 en travers, par *Pitau* d'après Rigaud. Superbe ép. pour son oraison funèbre.

633 **Bouflers** (Chevalier de). Par *Gaucher*, *Delvaux*. 2 p. in-8, très-belles, toute marge.

634 **Bourdaloue**, par *Bertonnier*, avant la lettre, sur chine, — par *Dequevauvillers* ; avant toute lettre, la tablette blanche. 2 p. in-8. Superbes ép. toute marge.

635 **Bourgogne** (duc de), in-8 en travers, par *N. P.*, les ornements coupés de chaque côté. Belle ép.

636 **Brooke** (Mrs.), auteur de lady Julia Mandeville. Ovale, petit in-fol.

637 **Browne** (Jean-George comte), en pied d'après *Cosway*. Très-belle ép., petit in-fol.

638 — Édouard — Jean, chirurgien, par *White*. 2 p. in-4.

639 **Brunswick-Lunebourg** (Sophie-Dorothée de). In-4. par *Gunst*.

640 **Buckingham**. In-12 par *Le Bert*, d'après Dugoure. Belle ép. remargée comme chine.

641 — (George Villiers). In-4, par *Sherlock*. Très-belle ép.

642 **Buffon**. Ovale avant toute lettre. — *Massard*, avant la lettre. 2 p. sur chine. Superbes ép., toute marge.

643 — Médaillon sur une pyramide. In-4, par *St-Aubin*. Très-belle ép.

644 — In-4, par *Baron*, d'après Drouais. Très-belle ép.

645 **Bullion** (Noël de), seig. de Bonnelles. In-4, marge. Superbe ép.

646 **Bussy-Rabutin**. In-8, par *Johannot*, avant la lettre. Superbe ép., toute marge.

647 **Cailhava** (J.-Fr.), auteur dramatique. In-8, par *Gaucher*, remargé à claire-voie. Très-belle ép.

648 **Canova**. Buste par *Richomme* — par *Thomson*, 2 p. in-8. Très-belles.

649 **Carafa** (Vincent), jésuite, in-8, remargé comme chine.

650 ***Carlin Bertinazzi***, comédien, in-8. Très-belle ép., grande marge.

651 ***Caroline de Brunswick***. Charmant portrait in-8, par *Tomkins*. Superbe ép., marge.

652 ***Cartouche*** assis dans son cachot. In-fol. Très-rare.

653 ***Casti***. Par *Rosaspina* — *Tavernier*. 2 p. in-8.

654 ***Catherine II***. Médaille par *Bertonnier* — coiffée d'un bonnet de fourrure, par *Bertonnier*, avant toute lettre.— Catherine Paulowna, princesse douairière d'Holstein Oldenbourg. 3 p. in-8. Superbes.

655 ***Caxton*** (William), introducteur de l'imprimerie en Angleterre. In-8 rare.

656 ***Chantal*** (Mme de). In-8, par *Lacour*, avant la lettre, toute marge.

657 ***Chapelle*** écrivant des vers sur un arbre, charmante vignette in-12, d'après Marillier, par *De Launay*. Magnifique ép., très-grande marge.

658 ***Charles III***, roi d'Espagne. Profil in-8, par *Barbié*. Superbe ép., très-grande marge.

659 ***Charles IX***. In-8, par *Passini*.

660 ***Charles XII***. Médaillon soutenu par des figures allégoriques. Superbe ép., in-4, marge.

661 ***Charles*** Emmanuel, prince de Piémont. Grand in-8, par *Le Beau*, d'après Vanloo. Superbe, toute marge.

662 ***Charlotte***, reine d'Angleterre. Ovale, avant la lettre, par *Bartolozzi*. Rare, sans marge.

663 **Chasteauneuf** (Balth.-Phelypeaux marquis de). Grand in-8, par *Vermeulen*. d'après Mignard. Superbe, très-rare.

664 **Chastillon** (Anne de Polignac, maréchale de). Petit in-fol., par *Jacques Picart*. Superbe ép., marge, très-rare.

665 **Chenier** (J.-M. de). In-8, par *Boutelou*, au bas la scène de Charles IX. Remargé comme chine.

666 — Par *Lefevre*, d'après H. Vernet, sur chine et sur blanc, 2 ép. avant la lettre. Grand in-8, toute marge.

667 **Choiseul** (Étienne-François duc de). In-4, par *N. De Launay*, d'après Vanloo. Très-belle ép., marge.

668 — In-4, par *Striedbeck*, à Strasbourg. Belle ép.

669 **Cipriani**, peintre. Ovale, grand in-8, marge, très-rare.

670 **Clairon** (Mlle), de la Comédie-Française. In-4, par *Schmidt*. Remargée à claire-voie.

671 — Prophétie accomplie de Garrick. Melpomène couronnant Clairon. In-4. par *Le Mire*, d'après Gravelot. Superbe.

672 **Clément XIV**, pape. 2 portraits différents, In-8.

673 **Cléry**, valet de chambre de Louis XVI, coupé à l'ovale. Grand in-8, remargé, gravé par *Audinet*.

674 **Clotilde** (Mme). Très-petit portrait rond entouré d'architecture, venant d'un almanach. Très-rare.

675 **Cochin.** Très-petit médaillon, soutenu par Minerve qui montre les œuvres de Cochin à des enfants. Charmante petite pièce, par *Prévost*, 1770.

676 — Son buste couronné par le Génie et entouré de fleurs par les Grâces. Charmante pièce in-8, d'après Monnet, par *Gaucher*. Superbe ép., marge.

677 **Coligny** (Gaspard I) de Châtillon, maréchal de France, par *de Geyn*. Petit in-fol., marge. Superbe ép.

678 — (Gaspard II), comte de Saligny. Petit in-fol., par *de Geyn*. Superbe ép., marge.

679 — (Gaspard III), duc de Châtillon. Petit in-fol., par *de Geyn*. Superbe ép., marge.

680 — (Gaspard IV), seigneur de Châtillon. Petit in-fol., par *Van Merlen*. Superbe ép., marge.

681 — (Gaspard comte de), seigneur de Châtillon, admiral de France. Petit in-fol., par *Jacque Picart*. Superbe ép., marge.

682 **Collardeau** (C.-P.), académicien. In-8. Superbe ép., avant les noms d'artistes, d'après *Vpiriot*, grande marge.

683 **Condé** (le prince de). Médaillon soutenu par Minerve et autre figure allégorique. Grand in-8 en travers, par *Fessard*, d'après Monnet. Très-belle ép.

684 **Condé** (Louis-Joseph de), par *Le Beau*. — Louis-Henri-Joseph, par *Vangelisty*. 2 p. grand in-8, toute marge.

685 — (Le grand), par *Dequevauvillers*, sur chine et sur blanc. — Autre avant toute lettre sur chine, tablette blanche. 3 p. avant la lettre, in-8. Superbes ép., toute marge.

686 **Conti** (Armand de Bourbon). In-4, par *Boulanger*. Belle ép.

687 **Conti** (Fortunée-Marie d'Est, princesse de), par *Saint-Aubin*, d'après Cochin. — Revers de la médaille, intérieur de l'église Saint-Chaumont, 2 p. Superbes, rare.

688 — (Armand de Bourbon, prince de). In-8, par *Vangelisty*. Très-belle ép., sans marge, rare.

689 — (Anne-Marie Martinozzi, princesse de). In-8, par *Vangelisty*. Très-belle ép., très-grande marge, rare.

690 **Cook** (Capitaine). In-4. Bénard *direx*. — Par *Pigeot*, in-8, avant la lettre, sur chine, marge, in-4. Superbe, 2 p.

691 **Coraline** (Mlle). In-4, manière noire, par *Vispré*, d'après Allais. Grande marge.

692 **Corday** (Charlotte). Dessinée et gravée d'ap. nature par *Mge... sculp.* Ovale, très-grand in-8. Très-belle ép., toute marge.

693 — In-8, par *Hopwood*. Superbe ép. d'artiste sur chine, marge, petit in-fol.

694 **Corneille** (Pierre). « Je ne dois qu'à moi seul toute ma renommée », autour d'un petit ovale destiné au titre de ses œuvres. Superbe ép., grande marge.

695. — Par *Thomassin*. — Thomas Corneille, par *Saint-Aubin* et autre, 3 p.

696 **Coster** (Laurent), inventeur de l'imprimerie. In-8, remargé.

697 **Coyer** (Gabriel-François), des académies de Nancy, de Rome et de Londres. Beau portrait, par *Triere*, 1782, d'après Colson, in-8. Magnifique ép., toute marge.

698 **Crébillon** (Joliot de). In-4, par *Balechou*, d'après Aved. Superbe ép., marge.

699 **Crébillon** (de) fils. In-8, par *Saint-Aubin*, d'après Gastinel. Magnifique ép., toute marge, rare.

700 **Cromwell** (Olivier), par *Moncornet*, *Mazot*, *Cooper*. — Richard Cromwell, par *Cooper*. 4 p. in-8. Très-belles.

701 **Curmer** (Madame). Profil, clairevoie par *Pauquet*, 1867. Très-rare ép., en bistre sur chine. Tonte marge.

702 **Decalogne** ou l'Écolier vertueux. In-8. Superbe ép. avant la lettre. Toute marge. Rare.

703 **Delaunay** (Marquis). Gouverneur de la Bastille. Ovale in-4, au bas la Tête sanglante au bout d'une pique. Superbe ép. en bistre, par *Chenon* père, d'ap. le comte Cagliostro.

704 **Delille.** In-8, eau-forte pure, par *Willaeys*, — Terminé avant la lettre. — Les noms d'artistes effacés. Remargé comme chine. 3 p. Superbes. Toute marge.

705 — Ovale, in-8, par *Cardon*. Superbe ép. Très-grande marge.

706 **Desandrouins** (Marquis de), chambellan de l'Emp. d'Autriche, etc. In-8, lettre grise sur Chine. Superbe ép. par *Pauquet* fils. Toute marge.

707 **Desaugiers**, chansonnier. In-8. Superbe ép. par *Fontaine*, avant le nom sur la draperie en haut. Très-grande marge.

708 **Desessarts.** Acteur, en pied. Grand in-8, par *Naudet*. Sans marge.

709 **Deshoulières** (Mme). In-18, par *Delaunay*, — par *Lambert*. — In-12 par *Ingouf*. 3 p.

710 — In-8, par *Van Schuppen*, d'après Sophie Cheron. Belle ép. Sans marge.

711 — In-8, par *Schmidt*. Superbe ép. avant toute lettre. Remargée à claire-voie.

712 — La même, avec la lettre et l'adresse. Petite marge.

713 **Devis** (A.-W.), dans son costume égyptien. Grand in-8, par *Alais*, sur chine. Grande marge. Rare.

714 **Devonshire** (Duchesse de). In-4. Belle ép. par *Newton*.

715 **Diderot**. In-8, par *Dupreel*, avant la lettre. Très-belle ép.

716 **Dorat**. La Poésie s'appuie sur son médaillon. Charmante composition, par *Fessard*, très-grand in-8. Superbe ép. Toute marge.

717 — Son portrait, soutenu par les Grâces, et couronné par l'Amour, d'ap. Queverdo, par *Le Beau*, in-4. Superbe ép. Marge.

718 **Du Barry** (comtesse). Médaillon orné d'une guirlande de lys et de roses. Grand in-8, Toute marge.

719 — Ovale, in-8, par *Bonneville*.

720 — Ovale équarri, petit in-4, chez Esnauts et Rapilly. Très-belle ép. Toute marge.

721 **Duchâtelet** (Mme), entourée d'Amours. Jolie vignette par *Cochin*, d'ap. Natoire. Très-belle ép. in-8.

722 **Dupont de Nemours**. In-8. Superbe ép. avant toute lettre. Remargée à claire-voie.

723 **Dutey** (Mlle). Grand in-8, par *Le Beau*, d'ap. la miniature de Lainé. Très-belle ép. Toute marge.

724 **Dyer** (Jacob), chancelier d'Elisabeth d'Angleterre, petit in-fol., par *Drapentier*. Rare.

725 **Eliot**, général, gouverneur de Gibraltar, in-4, par *Chr. de Mechel*; au bas, le siége du 13 septembre 1782. Superbe ép. Marge.

726 **Élisabeth** (Madame) de France. Ovale, par *Agar*, 1797, in-8. Toute marge. Superbe ép. Très-rare.

727 — Philippe-Marie-Hélène de France. Grand in-8. Remargé.

728 — (Madame), par *Hopwood*, — par *Sixdeniers*. Manière noire, d'ap. Johannot. 2 p. in-8. Très-belles ép. Toute marge.

729 — (Madame), in-8, par *Morse*, sous la direction d'Henriquel-Dupont, d'ap. le tableau de Madame Deville. Très-belle ép., venant du volume.

730 **Élisabeth**, reine de Bohême, portrait d'une grande finesse, ovale équarri, in-4. Sans marge.

731 **Erasme**, par *Bary*, dans un entourage ajouté à l'impression. — Autre remargé comme chine. 2 p. in-8. Superbes.

732 **Estaing** (comte d'). In-8, avec la prise de la Grenade au bas, par *Barbié*. Superbe ép. Toute marge.

733 **Eugène** de Savoie. In-8, par *Schmidt*. — Par *Canu*, avant la lettre. Toute marge. 2 p. Superbes.

734 — In-8, par *Philips*, 1737. Très-belle ép.

735 **Everard** (Giles), docteur. Auteur d'ouvrage sur le tabac. In-8.

736 **Fabre d'Églantine**. In-12, avant toute lettre. Toute marge.

12.50 737 **Favart** (Madame). In-8, par *Cheau*. Superbe ép. avant toute lettre. Belle marge.

Vig. 10.50 738 — In-8, de profil par *Flipart*, d'ap. Cochin. Superbe ép. avec les quatre vers dans la tablette. Marge.

Vig. 2 739 **Favras** (Thomas de Mahy de). Ovale in-8, en bistre, par *Schwartz*. Superbe. Rare.

740 — Ovale. In-8, de la collection *Bonneville*. Superbe ép. Toute marge.

Vig. 6 741 — d'ap. nature. Profil dans un rond. Eau-forte, très-rare, in-4. Sans marge.

Vig. 5 742 **Fénelon**. In-18, par *Bertonnier*, avant la lettre, marge in-4. — Par *Duflos*, entouré de figures allégoriques, in-8. 2 p. Superbes.

9 743 — In-8, par *Cathelin*, avant la lettre. Rare. — Avant la lettre, sur chine, par *Dequevauvilliers*. Toute marge. 2 p.

Vig. 3.50 744 **Ferracino** (B.), fabricant de la nouvelle horloge de Saint-Marc, 1757, in-8. Très-rare.

1.50 745 **Fielding** (Robert). Esqr, in-4. Manière noire. Sans marge.

1 746 **Fléchier**. In-12, avant la lettre, par *C.-L. Lingée*. Superbe ép. Remargée comme chine.

2 747 — par *Bertonnier*, la tablette blanche, avant toute lettre, in-8. Toute marge. Superbe.

Vig. 1.50 748 — Ovale, avec attributs, avant la lettre, sur chine. Superbe ép. in-8, par *Hopwood*. Toute marge.

749. ***Fleury*** (cardinal). In-8, entouré, lettre grise. Superbe ép. Toute marge.

750. ***Fontanges*** (Duchesse de). Clairevoie d'ap. *Roger*, in-12. Très-rare ép., autre que celle publiée dans les Maîtresses de Louis XIV, avant toute lettre. Toute marge.

751. ***Fontenelle.*** In-18, par *De Launay*, d'après Voeriot. Superbe ép. Toute marge.

752. — par *Duflos*, — par *Fessard*. 2 p., même type, in-8. Belles ép.

753. ***Fox*** (Ch.-James). In-8, par *Cook*, sur Chine. — par *Robinson*. 2 p. in-8. Superbes ép. Marge.

754. ***Fragonard*** (Honoré), 1808, peintre célèbre. Eau-forte, in-8. Magnifique ép. avant le nom de son élève *Lecarpentier*, gravé au bas. Petite marge. Très-rare.

755. ***François Ier***, roi de France. Par *Le Gros*, ép. d'artiste. — Fleuron, reproduction sur ancien papier. — Autre, remargé. 3 p. avec marge.

756 ***François Ier***, d'Autriche, en pied, d'après Lawrence, par *Phillips*. Manière noire, petit in-fol. Superbe ép. Marge.

757 ***Frédéric II.*** Grand in-8, par *Jullin*. — In-8, par *Pelée*. Superbe ép., avant la lettre, sur chine. Toute marge. 2 p.

758 ***Frédéric-Guillaume II.*** In-8, par *Alex. Tardieu*, avant la lettre. Toute marge. — Autre rogné. — Henri de Prusse, par *Gaucher*. Remargé à claire-voie. 3 p.

759 **Freron.** Que veut dire cette lyre, etc. Satyre contre Freron, représenté par un âne, in-8. Rare.

760 **Gale** (Roger et Thomas). 2 p. ovales in-4. Marge.

761 **Gebelin** (Ant. Court de). Médaillon élevé sur une console, ornée de ses armes et attributs. In-4, par *Romanet*. Très-belle ép.

762 **Gellert.** Petit in-fol., par *Bause*, 1767.

763 **Genlis** (Madame de). Jeune et âgée, avant la lettre sur chine, et avec la lettre. 4 p. Très-belles.

764 **Goethe.** Ovale, in-8, par *Blanchard*, d'ap. David. Superbe ép., avant la lettre. Toute marge. — Autre remargé comme chine.

765 **Graffigny** (Madame de). In-8, par *Cathelin*, 1763, d'ap. Garand. Très-belle ép.

766 **Gramby** (marquis of). Très-petit ovale de 15 millim. Pointe sèche de *Worlidge?* Très-grande marge. Très-rare.

767 **Gretry.** In-8, par *Simon*, d'après Isabey. Superbe ép. Tres-grande marge.

768 **Grignan** (Madame de), par *Pinssio*. Toute marge. — Chez Daumont. 2 p. in-8. Marge.

769 **Gustavus** the Fourth, roi de Suède. In-4 à mi-corps. La tête coloriée. Superbe ép., par *J. Agar*.

770 **Hadik** (André comte). Petit in-fol., par *Mansfeld*. Superbe ép. Marge.

771. **Harlay** (Marie-Anne de), abbesse de l'Abbaye-aux-Bois. In-4, par *Nic. Tardieu.* Très-belle ép. Marge.

772. **Harvey** (Lady). Petit in-4, par *H. Watelet,* d'ap. Cochin. Joli portrait à l'eau-forte, avant la lettre.

773. **Henri IV** et Chauvelin. Médaillons soutenus par la France. In-4 d'ap. Gravelot, par *Baron.* Très-belle ép. — Petit portrait ovale, entouré, in-18. Superbe ép., avant la lettre, chine. Grande marge. 2 p.

774. — In-8. De bon roy Bonheur, par *Crispin de Pas.* Belle ép.

775. — Grand in-8, *P. de Iode.* — In-8, *Jenkins.* Remargé comme chine. — Petit portrait surmonté de son entrée à Paris. Très-belle ép. chine, avant la lettre. 3 p.

776. — In-4, par *Tardieu.* Très-belle ép.

777. — In-8, par *Geraut,* d'ap. Gerard. Superbe ép. avant la lettre, sur chine. Toute marge.

778. **Henriette**-Adélaïde de Savoye, duchesse de Bavière, charmant portrait, les coins coupés.

779. **Henriette**, duchesse d'Orléans. Manière noire, in-8. Magnifique ép. avant toute lettre. Toute marge. Rare.

780. **Hyder-Ali** en pied, par *Adam Smith,* in-4 sur chine. Toute marge.

781. **Jean Bart.** Je suis marin, F.... ! Français pour la vie et je m'appelle. Petit portrait très-rare. Sans marge, remargé in-4.

782. **Jean Second.** In-8, par *Bartolozzi*. — Par *Oortman*, sur chine. 2 p. Superbes. Toute marge.

783. **Jeanne d'Arc.** In-12, par *Lemire*. Belle ép.

784. — Grand in-8, par *Delatre*, d'ap. Queverdo. Remargée à claire-voie.

785. **Joseph II**, empereur, par *Le Beau*. — Autre profil. 2 p. Grand in-8. Toute marge.

786. — In-4, par Marie-L.-A. *Boizot*, 1771. Très-belle ép.

787. **Joséphine.** D'ap. Isabey, par *Couché*. — Son tombeau dans l'église de Ruel, 2 p.

788. — Par *Allais*. — *Tony. Goutiere*, sur chine et autre. 3 p. Très-belles. Toute marge.

789. **Keppel**, amiral. In-4, par *Caldwall*, d'ap. Tassie, en bistre. Superbe.

790. **Kléber.** Ovale, par *Herhan*. — Par *Mauduison*, avant toute lettre. 2 p. in-8. Toute marge.

791. **Kosciusko.** In-4, par *Oleszezski*. Belle ép. Marge.

792. **Koutousoff.** In-4, à mi-corps, par *Hopwood*. — Autre in-8, avant toute lettre. Remargé comme chine. 2 p.

793. **La Borde** (Jean-Benjamin), auteur des chansons. Ovale, par *Gaucher*, comme fleuron sur le titre des Portraits de l'Histoire de France. Superbe ép. Très-grande marge.

794 — Frise avec le portrait de Zurlauben, par *Née*, d'ap. Marillier, petit in-fol. Superbe ép.

795 ***La Chabaussière.*** In-8, par *Bertonnier*, 1819, d'ap. Pajou. Superbe ép. avant la lettre, sur chine. Très-grande marge.

796 ***La Chaise*** (Le Père). De profil, in-8, par *Noblin*. Remargé. Rare.

797 ***La Chalotais.*** In-4, par *Moitte*, d'après Cochin. Superbe ép., avant toute lettre. Marge.

798 — Le même avec la lettre. — Épreuve d'une copie trompeuse, sans aucun nom d'artiste. 2 superbes ép. Grandes marges.

799 ***La Coste*** (Jean de). Escroc, fabricant de fausse loterie, etc. Au carcan, en pied. Grand in-8. Superbe ép. Toute marge. Rare.

800 ***La Clos*** (Choderlos de). Auteur des Liaisons dangereuses, in-8, par *Morel*, d'ap. Carmontelle. Très-belle ép., avant la lettre, chine. Toute marge,

801 ***La Faye*** (Georges de), chirurgien. Grand in-8 par *Dupin*, toute marge.

802 ***Lafayette*** (De), 1785, général. In-8 par *Angus*.

803 ***La Fontaine.*** Solare de La Boissière, de l'Oratoire. In-8. Superbe ép. toute marge.

804 ***La Fontaine*** et Ésope. Frontispice allégorie par *B. Picart*. Magnifique ép. in-8, toute marge.

805 — Couronné par deux nymphes et orné de fleurs par des Amours. Charmante vignette d'ap. Eisen par *De Launay*. Superbe ép. in-8, marge.

806 — Très-petit ovale, eau-forte pure par *Pauquet*. 2 ép., dont une remargée. — Le même terminé par *Dupreel*. Superbe ép. sur chine, toute marge, 3 p.

807 — Petit ovale par *Ingouf*, avant la lettre, chine. — Ovale équarri par *Forsell*. — Ovale équarri, orné par *Tronchon*, avant toute lettre. 3 superbes ép., toute marge.

808 — Ovale équarri in-12, avant toute lettre. — Lisant ses Fables à Mme de la Sablière. Grand in-8 par *Geraut*, d'ap. Devéria. Superbe ép., chine, avant la lettre, 2 p., toute marge.

809 ***Lamartinière*** (De), premier chirurgien du royaume. In-4, par *Duchesne*. Très-belle ép. toute marge.

810 ***La Mettrie***. Ovale in-8, par *Beljambe*, d'ap. Notté. Superbe ép., toute marge.

811 ***Lamichodière***, conseiller d'État. Petit in-fol., par *Moles*, d'après Duplessis.

812 ***La Motte Piquet***, chef d'escadre. Grand in-8, toute marge.

813 ***Lanskoï*** (A.-D.). Médaille et son revers. In-8, par *Alex. Tardieu*. Superbe ép., toute marge

814 **La Peyrouse.** Claire-voie, par Pigeot. Superbe épreuve sur chine, avant la lettre, marge in-4. — In-4, par ~~Tardieu~~, sans marge, rogné. 2 p.

815 **Largillierre** (De), peintre. In-4, par *Hubert*, avant la lettre. Le nom est au crayon dans la tablette.

816 **La Rochefoucauld** (François VI duc de). In-8. Claire-voie, par *Bertonnier*, 1822. Superbe ép. avant la lettre sur chine, marge, in-4.

817 **La Vallière.** *Bern, Sixdeniers* et *Desrochers*, en religieuse. 3 p. in-8.

818 **Lavater.** Médaillon sur un monument funèbre entouré de figures allégoriques. Petit in-4, par *Lips*. Très-belle ép.

819 **Lavoisier.** Ovale orné d'instruments de chimie. In-4, par *Tassaert*. Superbe ép. avant la lettre, marge.

820 **Le Brun** (Ecouchard). In-8, par *Forsell*. L'entourage non terminé. Rare ép. avant toute lettre, toute marge.

821 **Le Cat**, médecin. Grand in-8, par *Will*, marge.

822 **Le Cauchois** (P.-N.), né à Rouen. In-8. Superbe ép. par *Cathelin* d'après Mlle de Noireterre, toute marge.

823 **Le Clerc** (Sébastien). Médaillon soutenu par la Gravure et couronné par le Génie. Frontispice in-8 par *Prevost*, d'ap. Jombert fils, 1773. Superbe ép., marge.

824 **Le Noble** (Eustache). In-8, par *Scotin*, d'ap. Simon. Superbe ép., toute marge.

825 **Le Noir**, lieut. de police. In-8 remargé à claire-voie.

826 **L'Epée** (L'abbé de). Ovale équarri, chez André. Rare. — Profil ovale équarri, par *Boutelou*. — Claire-voie, par *Goulu*. 3 p. in-8. Très-belles ép.

827 **Le Pelletier**. Saint-Fargeau, in-4.

828 **Le Tellier** (Michel). Chancellier. Médaillon, portrait par *Roullet*, soutenu par la Renommée et deux amours, par Le Clerc. — Vignette : La Sagesse le conseille, il s'appuie sur la Justice. Jolie composition, 2 p. in-8 en travers. Très-belles.

829 **Liden** (J.-H.) dans son lit. In-4, en travers, par *J.-F. Martin*, 1798. Rare.

830 **Linguet**. Médaillon soutenu par le Temps et entouré d'amours et autres figures allégoriques. Magnifique ép., par *Saint-Aubin*. Grand in-8, toute marge.

831 — D'ap. Greuze. Grand in-8, avec 1780. — Le même, la date effacée. 2 p., très-belles ép.

832 — De profil. Grand in-8 par *Saint-Aubin*, avant la date, après le nom.

833 **Linnée**. Grand in-8, par *Cathelin*, d'après Roslin, sur chine, avant le nom, toute marge.

834 **Liotard**. Médaillon adossé à FRÉDÉRICK ZINCKE. In-4, par *Bretherton*. Superbe ép. Rare.

835 **Longueville** (Duchesse de). Petit in-4, par *Regnesson*, remargé à claire-voie. Rare.

836 **Louis XIII.** Ovale par *Roger*, d'ap. Champagne. Superbe ép. avant la lettre, toute marge.

837 **Louis XIV.** — MARIA-THERESIA. Grand in-8, par *Melar*, d'ap. Diepenbeeck. 2 p. sans marges.

838 — Ovale. *Roger*, d'ap. Rigaud. Superbe ép. avant la lettre, toute marge.

839 — Étant jeune. Octogone équarri, in-12 par *De Larmessin*.

840 **Louis XV**, roi de France. Ovale équarri, par *Bonnet*, 1770. Petit in-8, en rouge. Superbe ép., d'ap. Vanloo. Très-rare.

841 — Ovale équarri. *L. Bosse*, d'après Vanloo. Remargé. Très-belle ép.

842 — Frontispice de la Bibliothèque des Artistes et Amateurs, d'ap. Gravelot. Grand in-8. — Frontispice. Le buste rayonnant dans une salle d'Académie des sciences, d'ap. Eisen, par *Massard*. Superbe ép., toute marge. — Titre et frontispice des *Étrennes mignonnes*. — Médaille, d'ap. Gabriel de Saint-Aubin. — Frontispice pour un ouvrage médical. In-8 en travers, d'ap. Eisen, par *de Ghendt*. — La France le pleure. In-8 en travers. 6 p., très-belles.

843 — Dans un encadrement carré, par *Simonet*, 1826. Pour les *Oraisons funèbres*. Magnifique ép. sur chine. La tablette blanche, avant la lettre, toute marge.

844 — Grand in-8, par *Hubert*. Au bas, la place Louis XV. Belle ép., toute marge.

845 — Profil in-8 entouré de roses, par *Prevost*, d'ap. Cochin. La tablette blanche, avant la lettre. Superbe ép., grande marge.

846 — Cuirassé, accueillant la Paix; Mars lui montre, sur une feuille déployée par des amours, les batailles de Fontenoy, d'Arbelles, etc. Jolie composition, par *Chenu*, d'ap. Eisen. 1754. In-4, très-belle ép.

847 — Buste entouré de figures allégoriques. Grand in-8, par *Le Bas*, d'ap. Boucher. Jolie composition, grande marge.

848 — Médaillon au-dessus de figures et allégories. Superbe ép. in-4.

849 **Louis**, dauphin, père de Louis XVI. In-8. Très-belle ép.

850 — Ovale, *Roger*, d'ap. La Tour. In-8 avant la lettre, toute marge.

851 — Grand in 8, par *Delâtre*, d'ap. Vanloo. Très-belle ép., toute marge.

852 In-4, par *Dupuis* et *Romanet*, d'après Restout. Superbe.

853 **Louis** Auguste, dauphin (Louis XVI), par *Gaucher*. Superbe ép. avant toute lettre. Remargé, grand in-8.

854 — Le même avec la lettre. Très-belle ép., toute marge.

855 **Louis XVI.** Médaillon. MARIE-ANTOINETTE, debout, le regarde et distribue des largesses au peuple; l'Espérance est assise, et Henri IV est au ciel. Charmante allégorie. Eau-forte pure. Superbe ép. in-8. Très-rare. marge.

856 — MARIE-ANTOINETTE et LOUIS XVII, profils superposés. Médaille sur un obélisque funèbre. In-4. La tablette avant toute lettre, par *Saint-Aubin*, marge.

857 — Ovale par *Agar*. — Par *Dequevauvillers*, lettre grise. 2 p. in-8, toute marge.

858 — *Massard*, avant la lettre, sur chine. — En prison, par *Pourvoyeur*. Avant la lettre. — *Pelée*. 3 p. in-8.

859 — et MARIE-ANTOINETTE. 2 p. in-fol., manière noire. par *Brookshaw*, 1774. Très-belles ép.

860 — Et MARIE-ANTOINETTE de profil en regard. Petit in-fol. d'ap. Vanloo, belles ép.

861 — Mariage de Marie-Antoinette. Belle vignette grand in-8, par *Higham*, d'après Collignon. Superbe. — Saule pleureur avec les profils de la famille royale, et sur le tombeau. In-4. 2 p.

862 **Louis**, dauphin (XVII). Ovale par *Audinet*. « Le monde apprit sa fin, la tombe sait le reste. » Très-belle ép., marge.

863 **Louis XVIII.** Ovale rayonnant. Grand in-8, par *Schiavonetti*, lettre grise, très-belle ép.

864 — Avant toute lettre, par *Girardet*, sur chine, toute marge. Superbe ép. in-8.

865 — Par *Bertonnier*, lettre grise. — Autre publié en Angleterre. 2 p. in-8, superbes.

866 — Monsieur, frère du roi. — Madame. 2 p. in-4, marge. — Portrait surmontant la Charte en texte typographique. In-fol., 3 p.

867 **Louise** de Savoie. Grand in-8, par *Frosne*, remargé comme chine.

868 **Louvois**. Ovale, *Roger*, in-8 d'après Voet. Superbe ép. avant la lettre, toute marge.

869 **Mabuse** (Jean de), peintre. Superbe ép. in-8, avant toute lettre sur chine, toute marge.

870 **Maintenon** (Mme de). Ovale équarri, par *Mécou*, d'après le dessin de Gabriel; d'après le tableau de De Troy. In-8. Superbe ép., toute marge.

871 — Petit ovale par *Mercury*. Première planche, d'ap. Petitot, superbe ép., toute marge.

872 — Petit ovale dans un entourage riche d'ornements. 2e planche par *Mercury*, d'ap. Petitot. Ép. sur chine, tirée du livre de M. de Noailles. Superbe, toute marge.

873 **Maleteste** (Marquis de), par *Saint-Aubin*, d'après Cochin, in-8, remargé comme chine.

874 **Malherbe**. In-12, par *Rochard*, avant la lettre. toute marge.— In-8 par *Duflos*.— Grand in-8 par Briot, 3 p.

875 **Mancini Nivernois**. Profil in-8, par *Saint-Aubin*, 1796. — Par *Hubert*, d'ap. Vigée. Grand in-8, 2 p.

876 ***Mandrin*** (Louis), tenant son fusil. In-8 sans marge, rare.

877 ***Marguerite***, femme de Philippe III d'Espagne, riche costume. *P. de Jode excud.*, remargé.

878 ***Marguerite de Valois***. Bouchardy, Hopwood, Schley. 3 p. in-8.

879 ***Marie***, reine de Portugal, grand in-8, par Marie-Anne *Bourlier*. Superbe ép. marge.

880 ***Marie***-Adélaïde-Clotilde-Xavière, princesse de Piémont, grand in-8, par *Housman*. Superbe ép., toute marge.

881 ***Marie-Antoinette***, dauphine de France. Grand in-8, chez Henauts et Rapilly. Superbe ép. toute marge, rare.

882 ***Marie-Antoinette***. Entourée des Grâces, le Génie des arts lui présente un livre. In-8, d'ap. Eisen. Superbe ép., marge, avant les draperies. Frontispice.

883 — Son buste entouré des Grâces; des petits amours apportent des volumes. In-8. Frontispice d'ap. Moreau le Jeune, par *Leveau*. Très-belle ép., toute marge.

884 — Et Louis XVI. Deux portraits réunis par des roses. Grand in-8 en travers, en rouge, chez Esnauts et Rapilly. Très-belle ép., grande marge.

885 — Et Louis XVI. Deux portraits séparés sur la même planche, par *Le Beau*. Superbe ép. toute marge.

886. — Profil à gauche. Ovale équarri; des roses sur la tablette, en bas deux oiseaux soutiennent une guirlande de fleurs sur l'écu ovale fleurdelisé, couché sur un flambeau. Remargé, petit portrait non terminé, très-rare.

887. — Presque de face. Ovale avec attributs. Grand in-8, par *Voyez*, d'ap. Vanloo. Superbe ép. toute marge.

888. — Ovale in-8, par *Agar*. Superbe ép., toute marge, très-rare.

889. — Ovale in-8, par *Bartolozzi*. En peignoir. Superbe ép. en bistre, très-rare.

890. — Ovale rayonnant, grand in-8, par *Bartolozzi*, lettre grise, très-belle ép.

891. — Ovale in-8, par *Hopwood*, remargé comme chine, très-belle ép., rare.

892. — Par *Bonvoisin*, avant la lettre sur chine. — Par *Forsell*, 2 p. in-8, toute marge.

893. — En prison, 2 vignettes différentes et portrait. 3 p. in-8.

894. **Marie**-Cécile, fille d'Achmet III. In-8, par *Gaucher*, remargé à claire-voie.

895. **Marie-Leczinska.** Charmant portrait, par *Gaucher*, d'ap. Nattier. In-8 en travers, entouré roses. Très-belle ép. doublée.

896. — Grand in-8, par *Le Beau*; au bas, l'église de Saint-Denis. Superbe ép.

897. ***Marie de Médicis***, reine de France, ancien portrait avec avec quatre vers au bas, In-8 rare.

898 ***Marie Stuart***. Ancien portrait anglais, avant toute lettre. Grand in-8. Attributs : lampe, hache, couronne. Superbe ép. toute marge.

899 — Portrait anglais, d'après la peinture à Saint-James, remargé comme chine.— Claire-voie par *Hardivilliers*. Superbe ép. avant la lettre, chine, toute marge.

900 ***Marie-Thérèse***, femme de Louis XIV. Dans un encadrement carré. In-8, par *Bertonnier;* la tablette blanche. Magnifique ép. avant la lettre, chine, toute marge.

901. ***Marie-Thérèse***, duchesse d'Angoulême. Ovale rayonnant, grand in-8, par *Schiavonetti*. Lettre grise, remargé comme chine.—La lettre noire. 2 p.

902 ***Marigny*** (Poisson de), frère de Mme de Pompadour. Médaillon sur un monument funèbre entouré des arts. In-8, eau-forte pure, par *Prévost*, d'après Cochin. — Le même, terminé, avec les noms d'artistes. — Le même, avec deux vers au bas. 3 p.

903 ***Marmontel***. In-8, par *Leroux*, d'après Choquet. Magnifique ép. sur chine, avant la lettre, toute marge.

904 **Marot** (Clément). In-8, par *Dequevauviller*, d'après Laguiche. Superbe ép. avant la lettre, sur chine, toute marge.

905 **Mars** (Mlle). Grand in-8, par *Bonvoisin*, d'après Gérard. Superbe ép. lettre grise, toute marge.

906 **Massillon**. In-8, par *Lignon*, 1820. Superbe ép. avant la lettre, sur chine, toute marge.

907 **Maupertuis**. In-8, par *Daullé*, d'aprè Tournière. Superbe ép., petite marge.

908 **Mazarin** (Cardinal). Ovale, in-4, avant toute lettre. — *P. de Jode*, in-4. — Gal. Versailles, in-8 chine. 3 p., toute marge.

909 **Médicis** (Catherine de). *Moncornet*. — *Bertonnier*, avant la lettre. — *Hopwood*. 3 p. in-8, toute marge.

910 **Mekhlenbourg-Strelitz** (Charlotte-Georgine), duchesse. Ovale, in-4 en bistre, grande marge.

911 **Meleun** (de), fille de Guillaume, prince d'Epinay. In-8. *J. Mariette*. Belle ép., grande marge.

912 **Mercier** (Sébastien). Grand in-8, par *Henriquez*. Superbe ép. avant toute lettre, toute marge.

913 — Le même, avec la lettre, toute marge.

914 **Métastase**. La Muse lui montre Aristote. Joli frontispice in-8, par *Martini*, d'après Cipriani. Superbe ép., toute marge.

915 **Michel-Ange** Buonarotti in-8, par *Bein.* Lettre grise sur chine. Superbe ép., toute marge.

916 **Millevoie.** In-8, par *West.* Superbe ép. avant la lettre, sur chine, toute marge.

917 **Mina,** général espagnol. 2 différents, remargés comme chine. In-8.

918 **Mirabeau.** Par *Copia.* — *Bovinet.* — *Martinet.* 3 p.

919 **Mirabeau,** dit l'Ami des hommes. In-4, par *Thomas.* Belle ép., grande marge.

920 **Miromenil** (Hue, marquis de). In-12, par *Anselin.* Superbe ép., toute marge, in-4. — In-4, par *Benoist,* d'après Voiriot, sans marge. 2 p.

921 **Mirza,** shah. Grand in-8, avant toute lettre, marge.

922 **Molière.** In-8, par *Lignon,* d'après Fragonard. Superbe ép. avant la lettre, toute marge.

923 — Ovale in-8, par *Taurel,* 1824. Superbe ép. avant la lettre, sur chine, toute marge.

924 — In-12. Ovale équarri, avant toute lettre, toute marge. — Ovale, par *Jehotte.* Avant la lettre, chine, toute marge. 2 p. Superbes.

925 — In-8, par *Cathelin,* d'après Mignard. Ancienne et très-belle ép. du portrait qui orne la 1re suite de vignettes de Moreau, marge.

926 — D'après le portrait de *Cathelin,* sous la direction de Lebeau. Très-belle ép. avant toute lettre. Rare.

Vig. 19 927 — In-8, par *Hue*, d'après Desenne, entouré de onze scènes de ses œuvres. Superbe ép. avant les noms d'artistes, sur chine, toute marge.

11 928 — Écrivant George Dandin. Vignette in-8, par *Adam*, d'après Desenne. Eau-forte pure, remargé. — Terminé. Superbe ép. sur chine, toute marge. 2 p.

1 929 **Montagu.** Lady Mary Wortley. Ovale équarri in-8, par *Hopwood.* Toute marge.

1.50 930 **Montagu** (Mrs). Ovale in-8, d'après *Reynolds*, par Ridley. Très-belle ép. Marge.

9 931 **Montaigne** coiffé d'un chapeau. Ovale in-8, par *Henriquel-Dupont.* Avant la lettre. Toute marge.

4 932 — Le même. Très-belle ép. sur chine, toute marge.

1 933 — Tête nue. In-8, par *Leroux.* La Tablette blanche, avant la lettre. Très-belle ép., toute marge.

1 934 — Le même avec la lettre. Superbe ép., toute marge.

Vig. 4 935 — Coiffé d'un chapeau. In-8. Ovale équarri, par *Tardieu*, d'après Cocaskis. Superbe ép. avant la lettre, toute marge.

13 936 — Tête nue. La foudre au-dessus du médaillon, avant toute lettre. In-8, toute marge.

Vig. 2 937 **Montespan** (Marquise de). Ovale. *Roger.* In-8, avant la lettre, toute marge.

938. **More** (Thomas). In-8, remargé comme chine. — In-4, par *White*. Superbe.

939. **Moreau**, général, à cheval. In-fol., par *Schenker*. — Mort. In-4 en travers. 2 p.

940. **Mornay** (Du Plessis). In-4. Superbe ép.

941. **Murat**. In-8, par *Edward*, sur chine. Toute marge.

942. **Napier of Merchiston**, inventeur des logarithmes, par *Cooper*. In-8. 2 ép. avant et avec l'adresse, sur chine.

943. **Napoléon** à cheval, par *Reynolds*, d'après Charlet. — Autre à cheval, avant toute lettre. Rare. — Entouré d'armes, etc., par Hopwood. Remargé. 3 p. superbes, grandes marges.

944. — Général et Empereur. 2 ép. sur la même planche, par *Wedgwood*, sur chine. — Autres, séparés, avant toute lettre. Chine. — Autres, par *Hopwood*. 6 p. in-8. Superbes.

945. — Général en prison, par, *Ransonnette*. Avant la lettre sur chine et eau-forte. — A cheval, d'après Raffet. En pied. Deux différents avant toute lettre, sur chine. 5 p. in-8. Superbes, toute marge.

946. — Roi de Rome. Sa Naissance. Allégorie, par *Blanchard*. — Par *Hopwood*. — *Le Comte*. Ép. d'artiste. — Par Augustus *Fox*, d'après Lawrence. Lettre grise sur chine. 4 p. in-8. Très-belles ép.

947. **Nelson.** In-4 sur chine, par *Worthington*, proof. — In-8, par *Ridley*. 2 p. très-belles.

948. **Newton.** In-8, avant toute lettre, par *Monsaldi*? Superbe.

949. **Ney** (Maréchal). En buste et en pied. 3 différents avant la lettre, sur chine.

950. **Ninon de Lenclos.** Profil in-8. En bas, attributs des arts, par *Hall*, 1780. Très-belle ép. Marge.

951. **Nollet** (L'abbé). In-8. *Beauvarlet*, d'après La Tour. Très-belle ép. Marge.

952. **Noverre.** Grand in-8. Ovale rayonnant, par *Shervin*. Remargé à claire-voie. Superbe et rare.

953. **Orléans** (Philippe d'). Régent. Petit in-fol., par *Duflos*, d'après Santerre. — Par *Voyez*, d'après Monnet. 2 p.

954. **Orléans** (Louis, duc d'). In-4. Chez François. Très-belle ép. Rare.

955. **Orléans** (Philippe le Gros, duc d'). — L. P. J. Égalité. — Sa femme, Mlle de Penthièvre. 3 médaillons réunis par des guirlandes de roses, que soutiennent trois amours. Grand in-8, par *Mlle Croisier*. Superbe ép. Rare.

956. **Palladio** (Andrea). Ovale in-8, par *Zatta*. Rare, marge.

957. **Pannard.** In-8, par *Chenu*. Belle ép.

958. **Paoli** (Pascal de). In-8. Coiffé d'un chapeau. Superbe ép., toute marge.

959 **Paoli** en pied. Petit in-4. En costume militaire de la nation, chez Bonnet. Superbe ép., très-grande marge.

960 **Parny**. Profil dans les nuages, sur les attributs de la Poésie. In-8 à claire-voie. Superbe ép., toute marge.

961 **Pascal** (Blaise). In-8, attribué à *Ficquet*. Magnifique ép. d'un superbe portrait, très-grande marge.

962 **Perrault** (Charles). Ovale équarri in-8, par *Duflos*. Très-belle ép. avant la lettre, remargé à claire-voie.

963 **Pestalozzi**. Grand in-8, par *Forssell*, 1814. Très-belle ép.

964 **Petit** (Antoine), médecin du roi. Grand in-8, par *Le Beau*, d'après Desrais.

965 **Phalaris** (Duchesse de). In-8, avant la lettre, sur chine, toute marge, par *Dequevauviller*.

966 **Phelippeaux** de Ponchartrain, chancelier de France. Petit ovale entouré d'ornements, de la suite de *Crespy*. Très-rare.

967 **Philippe III**, roi d'Espagne. Grand in-8. *Paul de La Houve excud.* Belle ép., grande marge.

968 **Philippe V**, roi d'Espagne. In-8 toute marge, par *de Poilly*.

969 **Piccini**. Eau-forte pure, par *Pauquet*. — Terminé, d'après Bergeret. In-8 avant la lettre, sur chine. 2 superbes ép. toute marge.

970 **Pie VI**, pape, par *Adam*. — *Agar* et autre. 3 p. in-8.

971 **Pie VII**. Au bas la scène avec Napoléon, avant toute lettre. — Autre. In-8. 2 p.

972 **Pierre l'Hermite**. Ovale in-8, par *Moncornet*. Superbe ép. grande marge.

973 **Pitt**, par *Godby*. — *Lightfoot*. 2 p. in-8. Superbes, toute marge.

974 **Pixérécourt**. Autographe signé « A M. Bavoux. » 1 page.

975 **Préville**. En pied dans un rôle. Jolie petite pièce in-12, remargée comme chine. Très-grande marge.

976 — Grand in-8, par *Aubert*, sourd-muet. Superbe ép. avant la lettre, sur chine, toute marge.

977 **Prévost** (Abbé, Ant.-Fr.), auteur de Manon Lescaut. In-8, par *Will*, 1746. Très-belle ép. remargée à claire-voie.

978 **Quesnel** (Pasquier), de l'Oratoire. In-4. Très-belle ép. marge.

979 **Quinault**. Ovale in-8, par *Bonvoisin*. Avant la lettre sur chine, 1re ép. de tout le tirage, 9 octobre 1824. Marge tachée d'humidité.

980 **Rabaut de Saint-Étienne**. In-8 avant la lettre. *Claessens* ? Toute marge.

981 **Racine** (J.). Eau-forte pure, par *Pauquet*. — Par *Bertonnier*, ép. d'artiste. — Par *François*, 3. p. in-8. Superbes ép.

982 — In-8. Ovale équarri, par *Dien*. Très-belle ép. avant toute lettre, toute marge.

983 **Raphaël** Sanzio. In-8, par *Thomson*. ép. superbe, toute marge.

984 **Raucourt** (Mlle), de la Comédie-Française. In-4, avec 7 lignes de vers au bas. Superbe ép., marge.

985 — Grand in-8, avec scène au bas, par *Le Beau*. Magnifique ép. grande marge. Rare.

986 **Raynal** (G.-T.). Avant la carte et l'enfant. Eau-forte. — Avec l'enfant, à droite en bas, avant la carte. — Terminé, avec la lettre. 3 superbes ép. in-8, toute marge.

987 **Restif** fils, Edme. In-4, par *Berthet*, d'après Binet. Très-belle ép., a été pliée.

988 **Reybaz**, ministre du saint Évangile. Grand in-8, par *Roger*. Très-belle ép. toute marge.

989 **Richelieu** (Cardinal). Profil in-8, par *Saint-Aubin*. — In-4, par *Tardieu*, d'après Champagne. Grande marge. 2 p.

990 **Robinson** (Mrs). Charmant portrait de femme coiffée d'un chapeau à plume. Ovale en bistre, d'après Englehart, par *Stanier*, 1788. Superbe ép. in-8 grande marge.

991 **Roland**, par *Condé*, remargé comme chine. — Mme Roland. Au bas, son jugement. 2 p. in-8.

992 **Rollin**. In-8, par *L.-J. Cathelin*, d'après Coypel. Magnifique ép. toute marge.

993 **Rosalba.** Ovale en bistre, d'après elle-même. In-8 superbe, toute marge.

994 **Rousseau** (J.-B.). In-8, par *Ribaut.* Avant toute lettre. Superbe ép. très-rare, toute marge.

995 — In-8, par *Anselin.* Superbe ép. avant toute lettre.

996 — A mi-corps. In-8, par *Delvaux*, d'après Aved. Magnifique ép. avant la lettre, sur chine, toute marge.

997 **Rousseau** (J.-J.) en Arménien. In-8, par *Cathelin.* Magnifique ép. avant toute lettre.

998 — In-8, par *Couché.* Superbe ép. avant toute lettre. — In-8, par *Duprel.* Toute marge. 2 p.,

999 **Rousseau** (Sujets sur J.-J.). Paysage à l'eau-forte, avec J.-J. Rousseau et Mme de Girardin. Petit in-fol. en bistre, sans marge.

1000 — Dernières paroles de J.-J., d'après Moreau, par *Guttemberg.* Très-belle ép. avant la lettre, marge piquée d'humidité. In-fol.

1001 — Le même, avec la lettre. Très-belle ép., toute marge.

1002 — Tombeau de J.-J. à Ermenonville. Petit in-fol. par *Moreau.* Rare ép. à la vieille agenouillée à gauche, avant toute lettre. Petite marge.

1003 — Le même, avec la lettre, la vieille effacée. Très-belle ép., toute marge.

1004 — Arrivée de J.-J. Rousseau aux Champs-Élysées, d'après Moreau, par *Macret*. Superbe ép. avant la dédicace, grande marge, petit in-fol.

1005 **Rubens**. A l'eau-forte par *Hess*. In-4, carré. — Dessin, crayon noir, ovale in-4. 2 p.

1006 **Saint Charles Borromée**, cardinal. Profil d'après Champagne, par *Ch. Pyc*. Superbe ép. sur chine, toute marge. Proof.

1007 **Saint-Evremont**. In-8 par *Édelinck*, sans marge.

1008 **Saint-Huberti** (Mme de), de l'Académie royale de musique. Grand in-8, sans marge.

1009 **Saint-Simon** (Louis, duc de), auteur des Mémoires. In-8 par *Mariage*, d'après Vanloo. Superbe ép. remargée. C'est l'original de tous les autres portraits.

1010 **SaintS-imon**. Portraits pour illustrer ses Mémoires, publiés par Delloye. 32 p. sur chine. Très-belles ép., grand papier. Plusieurs sont piqués d'humidité.

1011 **Schiller**. In-8 par *Blanchard*, — *Giroux*, — *Massol*. 3 p. avant la lettre, sur chine. Superbes.

1012 **Sévigné** (Marquise de). Ovale entouré de roses. Charmant portrait par *Delvaux*, d'après Nanteuil. In-12.

1013 — par *Roger*. — La Comtesse de Grignan. 2 portraits in-8, en pendant, d'après Mignard.

1014 **Sonnini** (C.-S.), par *Ridley*, — *Voysard*. 2 p. in-4, remargées comme chine.

1015 **Soult** (Maréchal). In-8. 2 portraits différents. Très-belles ép.

1016 **Stanislas**, roi de Pologne. In-8 d'après Massé, par *Cathelin*. Superbe.

1017 **Stanislas Auguste**, roi de Pologne. In-8 par *Tardieu*. Très-belle ép.

1018 **Stolberg** (Comtesse d'Albani), femme du prétendant Charles-Édouard. Charmant portrait in-8 par *Elluin*. Magnifique ép., toute marge, très-rare.

1019 **Stuart** (Henri-Benoist), 2e fils de Jacques. In-8 remargé.

1020 **Sully.** Grand in-8 par *Le Beau*, grande marge. — Par *Jamont*, in-4 avant toute lettre. Superbe ép., marge. 2 p.

1021 **Tallerand** (Henri de), comte de Chalais. In-12 par *le Bert*, d'après Dugoure. Très-belle ép. remargée comme chine.

1022 **Talleyrand**, d'après Gérard, en pied, par *Finden*, avec fac simile de signature. — Par *Edward*, — *Mote*. 3 p. in-8, dont 2 remargées.

1023 **Tasso** (Torquato). In-12 par *Mercury*. Superbe ép. avant la lettre, marge in-4.

1024 — In-8 par *Muller*, eau-forte pure. — Avant la lettre. — Avec la lettre, remargée comme chine. 3 p. superbes, toute marge.

1025 **Tell** (Guillaume). In-8 d'après Kobell.

1026 ***Thurlow*** (Lord Edward), par *S. W. Reynolds*, d'après sir Joshua Reynolds. Superbe ép. grand in-8, lettre grise, toute marge.

1027 ***Titien*** en pied. In-8 par *Ensom*, avant la lettre, sur chine. Superbe ép., toute marge.

1028 ***Tooke*** (John Horne). In-8 sur chine, avant toute lettre. — Petit in-fol. par *Anker Smith*. 2 p. très-belles.

1029 ***Trenck*** (Frédéric, baron). *Loaded with 68 pounds weight of irons in the dungeon of Magdeburg*, en pied. In-8, sur chine, toute marge. — Ovale in-8, *Bonneville*. 2 p.

1030 ***Tressan*** (Comte de). In-8 par *Pauquet*, d'après Colin. 2 ép. avant la lettre sur chine, grande marge.

1031 — In-8 par *Fittler*, sur Chine. Superbe, toute marge.

1032 ***Trichet***. In-4. Eau-forte rare.

1033 ***Tripier le Franc***, fabuliste. In-8 par *Croutelle*. Superbe ép., toute marge, très-rare.

1034 ***Troy*** (De) père et fils. 2 portraits in-fol., coupés grand in-8, et remargés.

1035 ***Trumbull*** (Guil.), agent pour les rois Jacques Ier et Charles Ier à la cour de Bruxelles. Grand in-8 par *Gribelin*, très-belle ép., rare.

1036 ***Vauban*** (Maréchal de). In-8 par *Pannier*. Superbe ép. avant la lettre, sur chine, toute marge.

1037 **Verneuil** (Henriette de Balzac, marquise de). In-8 par *Aubert*. Adresse.

1038 **Vezzo** (Virginie de), femme peintre. In-8 par *Mellan*. Belle ép., marge in-4.

1039 **Voisenon** (L'abbé de). In-12 par *De Launay*, d'après Vigée. Superbe ép. avant la lettre.

1040 — Profil rond équarri, la tablette blanche avant toute lettre, remargé à claire-voie. In-8.

1041 — Profil rond équarri, avec la calotte. In-8 par *Dupin*, d'après Cochin. Superbe ép., marge.

1042 — Ovale équarri. In-8 par *Aubert*, d'après Vigée, marge.

1043 **Volney**. In-8, *Bertonnier*, sur chine. — Ovale orné. 2 p., toute marge.

1044 **Voltaire** (M.-F. Arouët de). — Madame Duchatelet. 2 p. in-4 en pendant. Très-belles ép.

1045 — In-4, chez la veuve Chereau. Très-belle ép.

1046 — coiffé d'un bonnet fourré, profil. In-4 par *Michel*.

1047 — In-4 d'après Houdon, par *Miger*. Belle ép., marge.

1048 — Esquisse d'après nature, faite à Fernex en 1769. In-4, marge.

1049 — L'homme unique à tout âge, couronné de lauriers, en pied, dans la campagne. *Vachez del. et sculp.* Paris, d'après nature, avec vers au bas. In-4 remargé à claire-voie.

1050 — Eau-forte. Paris, 1778. C. en pied, de profil, dans la campagne. In-4 remargé à claire-voie.

1051 — Titre du Commentaire, avec les trois portraits : Voltaire, La Beaumelle et Freron, par *A. de Saint-Aubin*. Eau-forte pure remargé, avant toute lettre, et avec la lettre. 3 p.

1052 — d'après Denon, 1775. Médaillon rond équarri par *A. de Saint-Aubin*, avant la lettre, remargé, et avec la lettre, toute marge. 2 p. superbes.

1053 — par *Cathelin*, *Petit* avant la lettre, et autres. 11 p. superbes.

1054 — Profil ovale équarri surmontant son tombeau. — Pour pendant J.-J. Rousseau surmontant son tombeau. 2 p. in-fol. marge.

1055 **Washington**. In-4. rogné, remargé comme chine.

1056 **Wieland**. In-4, par *Bause*. — In-8 remargé comme chine, 2 p.

1057 **Willis**, Dr. Ovale, in-4, par *Collyer*. Très-belle ép.

1058 **Winter**, vice-amiral. In-4, par *Roger*. Très-belle ép.

1059 **Zambeccari**. Profil, médaille, par *Rosaspina*. In-8.

1060 **Zamoiski** (J.), entouré de neuf sujets. In-4, par *Massard*, d'après Moreau, 1789. Superbe.

1061 **Zanetti.** Grand in-8, d'après lui-même, par *de Plano.*

1062 **Portraits.** Raoul de Coucy, très-petit sur vélin. — Autre un peu plus grand. — Sire de Fayel. 3 p. dont 2 remargées comme chine.

1063 — Kosciusko, par *Fiesinger.* — Fred.-Henri de Prusse. — La reine Hortense. — Henri IV exhumé. — Tombeau de Napoléon sous la colonne. 5. petit in-fol.

1064 **Portraits anglais.** Célébrités anciennes et modernes. 50 p., belles ép.

1065 — Cuvier. — Delambre. — Herschell. — Lagrange. — La Place. 5 p. in-8.

1066 **Portraits** de célébrités de l'antiquité. Alexandre, Démocrite, etc. 9 p.

1067 **Artistes** peintres, tirés de la galerie de Florence. 21 avant la lettre et 26 lettre grise, en tout 47 p. Superbes et toute marge,

1068 — Peintres, architectes, gravés en Italie. In-4 coloriés et collés sur carton. 72 p.; on en a décollé 4.

1069 — Artistes anglais et autres. In-8, anciens et modernes. 15 p., 2. lots.

1070 — Corrége, Durer, Lairesse. 3 p. in-4.

1071 **Clergé.** Papes, cardinaux, ecclésiastiques divers. 20 p. in-8, 2 lots.

1072 — Cardinaux et autres. In-4, 7 p.

1073 — Papes. Clément XIV. — Jules III, etc. In-4, 5 p.

1074 — Les premiers défenseurs de l'Église, contre la constitution Unigenitus, 7 petits portraits et le titre remargés. In-4, rare.

1075 **Écrivains.** Littérateurs, etc., anglais. 28 p. in-8, 2 lots.

1076 — Poëtes, littérateurs français. 10 p. in-8.

1077 — Littérateurs, poëtes, etc., divers. 25 p. in-8.

1078 — Arétin, Leibnitz, etc. 4 p. in-4.

1079 **Femmes célèbres** anglaises, françaises, etc. 20 p. in-8.

1080 **Médecins**, chirurgiens, savants, 14 p. in-8.

1081 — Harvey, Pennant, Quarin, Schuppach, Tronchin, etc. 7 p. in-4.

1082 **Musiciens.** Hœndel, Haydn, Marivaux, 3 p.

1083 **Rois de France** et princes. 9 p. in-8.

1084 **Rois**, empereurs, généraux et personnages politiques étrangers, 126 p.

1085 — Célébrités anglaises. In-8, 19 p.

1086 — Danemark et Suède. Christian V, par *P. de Jode.* — Gustave Adolphe. — Gustave III. — Gustave IV. 4 p. in-8.

1087 — Russes. Alexandre I. — Paul. — Rostopchine. — Suworow. 4 p. in-8.

1088 — Célébrités françaises diverses. 12 p. in-8.

1089 — Célébrités étrangères. 22 p. in-8.

1090 — Généraux et autres célébrités, publiés par Furne, etc. 31 p., plusieurs sur chine et avant la lettre. Très-belles ép. in-8, toute marge.

1091 — Célébrités anglaises. In-4, 6 p.

1092 — Célébrités espagnoles. 5 p. petit in-fol.

1093 — Célébrités françaises. 3 p. in-4.

1094 — Célébrités étrangères, 14 p. in-4. 2 lots.

1095 — De personnages divers. 47 p. 2 lots.

1096 — Célébrités diverses, anciennes et modernes, plusieurs remargées et nombre avant la lettre sur chine, Regnard, de Ficquet, etc. 84 p.

VIGNETTES, ILLUSTRATIONS

1097 **Aubert** (L'abbé). Son portrait in-4, par de Lorraine, très-rare, et vignette d'après Cochin, avec son eau-forte, 3 p. Superbes.

1098 **Beaumarchais.** Illustration, 7 p., d'après Duvivier, avant lettre, grande marge, 5 p., de Malapeau, pour le Mariage de Figaro, 5 portraits avant la lettre, chine, etc. 5 vignettes, d'après Johannot, 4 vig. anglaises. 12 p. de Chodowiecki pour la Folle journée et 2 portraits, en tout 40 p. Superbes.

1099 **Berchoux.** Vignettes d'après Desenne et Devéria. 4 p. avant la lettre, sur chine et le portrait, 5 p.

1100 **Bible.** Réunion de vignettes, d'après Martin et Lucas, avant et avec la lettre 32, et autres anglaises et françaises 18, en tout 50 p. Superbes.

1101 **Boily.** Bibliothèque de la Campagne. Titres gravés et vignettes. d'après Bolomey, 24 p. in-8.

1102 **Cervantès.** Nouvelles, vignettes par Folkema, le portrait et 2 fleurons, en tout 16 p. in-12. Superbes.

1103 **Châteaubriand.** Illustration, d'après Johannot, avant lettre sur chine, tirage in-fol. et cartes 26, et autres vignettes et portraits réunis, en tout 40 p.

1104 **Chodowiecki.** Lovelace et Clarisse, avant toute lettre, sans marge.

1105 — Scènes remarquables des guerres de la maison de Brandebourg. 12 p. in-12.

1106 — Caroline de Licthfield. 12 p. in-12.

1107 — Les Différentes folies. 12 p. in-12.

1108 — Scènes d'un roman. 12 p. in-12.

1109 — La Danse des morts, 12 p. in-12.

1110 **Cochin** (D'après). Allégorie, Pandore et autres, 4 p. Superbes.

1111 **David.** Psaumes, in-12, par B. Picart. — Autre in-8, avant toute lettre. — Autre grand in-8. 3 p.

1112 **Delavigne** (Casimir). Illustration, d'après Devéria et Johannot, avant la lettre sur chine. et différents états, plusieurs eaux-fortes pures. 75 p.

1113 **Delille.** Vignettes diverses, anglaises et françaises. 12 p.

1114 **Dupaty.** Suite complète de 8 vignettes pour les lettres sur l'Italie, in-18 d'ap. Duvivier, et les 8 eaux-fortes. — Suite de 6 vignettes, d'après Victor Adam, papier de chine, avant la lettre, en tout 22 p.

1115 **Eisen** (D'après). Les Cerises, in-8, par De Longueil. Très-rare.

1116 — Vignettes diverses, d'ap. De Longueil, etc. 8 p. Très-belles.

1117 **Fragonard** (D'ap.). Vignettes pour Parny, 7. — Eau-forte et avant la lettre, le Sculpteur pour Grécourt, 9 p. Superbes, toute marge.

1118 **Girardet.** Anacréon et autres, 3 p. in-8. Superbes ép., avant la lettre, toute marge.

1119 — La Rosière de Salency, 5 p. in-12, avant la lettre, sur chine, très-grande marge. Superbes ép.

1120 **Goldsmith.** Le Village abandonné. Portrait et vignettes, 5 p. Très-rares et très-belles.

1121 **Grandisson.** Vignettes, par Vinkeles, ép. d'artiste, 14. — D'après Marillier, 8, en tout 22 p.

1122 **Gravelot** (D'après). Scènes de la Henriade, 2 p. Ovale, in-4, par De Longueil et Simonnet. Superbes ép., marge.

1123 **Hugo** (Victor). Notre-Dame de Paris. Édition Renduel, papier de chine, avant la lettre. 12 p. et le portrait avec la lettre blanc. Théâtre, etc. 15 p., d'après Boulanger, Raffet, etc., sur chine, avant la lettre, et le portrait, 29 p. Superbes.

1124 — Notre-Dame de Paris. Édition Garnier, papier de Chine, tirage in-fol., ép. d'artiste et avant la lettre et autres, avec un portrait, 13 p.

1125 **Kock** (Paul de). Vignettes d'après Raffet, et le portrait. Petit in-8, 26 p.

1126 **La Fontaine**. Contes. Réduction in-4 des pièces de Lancret et autres, en travers, et 2 en hauteur, 13 p. Belles.

1127 **Lamartine**. Illustration d'après Johannot et autres. Portraits, la plupart avant la lettre, sur chine, 19 p.

1128 **Le Barbier** (D'après). Vignettes pour les Confessions de J.-J. Rousseau, 3 p. — Pour les chansons de Piis, 1 p., en tout 4 p. avant la lettre. Superbes et toute marge.

1129 **Legrand** (D'après). Vignettes pour un roman, par Choffard, Duplessis Bertaux et autres, 6 p. in-8, avant la lettre dont une eau-forte. Superbes ép., toute marge.

1130 **Lesage** et **Prévost**. Vignettes, d'après Marillier, 4, et 10 eaux-fortes, 14 p.

1131 **L'Hopital** (Œuvre de Michel). Portraits et vignettes, 13, et 2 fac-simile. 15 p. Rare, complet.

15 1132 **Marillier** (D'après). Histoire des naufrages de Lesage et Prévost, 25. — Œuvres de Caylus, 23, en tout 48 p.

27 1133 — Mille et une Nuits. — Mille et un jour. — Mille et un quart d'heure. — Conte des Génies, en tout 44 p.

16 1134 — La Toilette, avant la lettre, le Cri de la Nature et autres, 17 p. Très-belles.

37 1135 — Mélange de poésies, par Mme la comtesse de B. Titre ravissant et 2 vignettes. — Zulmenie et Volsidor, titre charmant et 2 vignettes, en tout 6 p. Magnifiques ép. in-8., toute marge.

19 1136 **Moreau** le jeune. « Ah! madame, vous la voyez, » d'après Greuze. Très-belle ép., rare.

129 1137 **Moreau** (D'après). Bienfaisance de Marie-Antoinette, remargée. Mort du chevalier d'Assas et autres, 5 p. Très-belles.

62 1138 — Nouveau Testament. Épreuves d'artistes, avant la lettre, et eaux-fortes pures, 98 p., presque tout à toute marge. Réunion rare.

245 1139 — Le voilà mon enfant, par De Longueil, 3 états différents.

42 1140 — Mahomet. Belle vignette in-4, pour Voltaire, par Simonnet. Magnifique ép. avant la lettre, toute marge.

41 1141 — Abeilard et Héloïse, 7 p. in-4 avant la lettre, 2 ép. les noms à la pointe; Abeilard prêchant, la Prise de voile, et Abeilard et Héloïse, manière noire, par Smith. 12 p. Superbes ép.

1142 — Allégories, le Dessin, la Peinture, la Sculpture, etc., charmante compositions, entêtes de pages pour le musée Robillard. 12 p. petit in-fol. dont 4 eaux-fortes. Superbes ép., toute marge.

1143 — Frontispice pour l'Histoire des religions, par De Longueil. — Autre composition par Pauquet et Trière, eau-forte et terminée.—Frontispice pour l'Histoire de Turquie, eau-forte et terminé par Simonnet. — Groupe de la Plaine des Sablons. — Armoiries de Gustave III. 8 p. petit in-fol. Superbes ép., toute marge.

1144 — Pour le Voyage d'Anacharsis, grand in-4. en travers, 2 eaux fortes pures et 1 terminée. 3 p. Magnifiques ép., toute marge, de toute rareté.

1145 — La Vie d'Antonin, in-4, eau-forte pure, avant la lettre et 1 avec la lettre, 6 p. Superbes, toute marge.

1146 — Régulus, Juvénal, Mort de Trajan. 7 p. dont 2 eaux-fortes pures. Superbes ép. avant la lettre, toute marge.

1147 — Fidélité héroïque à la bataille de Pavie : Mort du sieur de Molac, eau-forte pure, avant la lettre et avec la lettre. 3 p. grand in-4.

1148 — Institution de l'ordre de la Toison-d'Or, in-4. Superbe ép., par Duclos.

1149 **Ovide.** Métamorphoses, etc. Vignettes d'après Le Barbier, Moreau, Queverdo, etc. 45 p. la plupart avant la lettre.

1150 **Prévost** (L'abbé). Vignettes pour Manon Lescaut, d'après Gravelot et autres. 8 p.

1151 **Prudhon**. Inv. incidit. Phrosine et Melidor. Choisir l'objet, par *Beisson*. — L'Enflammer, par *Beisson*. — En jouir, par *Copia*. 4 p. in-4. Avant la lettre pour l'Art d'aimer, de Gentil-Bernard, superbes ép.

1152 — La Chasseresse, superbe ép. in-8, avec la tablette. Toute marge.

1153 — La Grotte. Magnifique ép. avec la tablette, in-8, marge.

1154 — La même, la tablette effacée, superbe ép. sur chine. Toute marge.

1155 **Richardson**. Clarisse Harlow. Vignettes, par Vinkeles, ép. d'artistes rares, 16. — D'après Marillier, 12. En tout 28 p.

1156 **Shakespeare**. Vignettes diverses, dont 7 eaux-fortes, remargées.

1157 **Sterne**. Vignettes, d'après Stothard. 6 p. avant la lettre in-8, extrêmement rares.

1158 **Swift** (Jonathan). Guilliver's travels, et Vignettes d'après Lefebvre et d'après Marillier. 13 sujets sur 7 feuilles, superbes.

1159 **Tallemant des Réaux**. Réunion de portraits pour l'illustrer. 31 Moncornet, 1 Tombeau de Montmorency, 12 Th. de Leu, 24 Daret et autres, 20 Odieuvre avec l'adresse et marge, dont la duchesse de Longueville, la duchesse de Lude remargées, 57 Odieuvre sans adresse, et 4 Desrochers, etc., 18 Modernes, Furne, Gal. de Versailles, etc., 15 Divers, la plupart remargés. En tout 182 p., belles ép., plusieurs rares.

1160 **Thiers.** Réunion de portraits pour illustrer la République : 100 p. de députés et personnages de l'époque, Louis XVI, Marie Antoinette, etc. Plusieurs très-rares.

1161 — Empire et Restauration, 120 p. Généraux et personnages de l'époque, jusqu'à Louis-Philippe.

1162 **Voltaire.** Portraits pour l'édition de Kehl. Eaux-fortes pures, avant et avec la lettre. Différents états. 25 p. et 2 vignettes dont une gravée d'après Moreau, 27 p., magnifiques, ép. d'une grande rareté. Toute marge.

1163 — Vignettes pour l'édition de Renouard. 17 p. avant la lettre, dont 9 sur chine, quelques eaux-fortes et 10 portraits avant et avec la lettre, en tout 27 p. superbes. Marge.

1164 — Vignettes pour la Pucelle, d'après Gravelot, 22 p. in-8. Toute marge. Très-belles ép.

1165 — Vignettes pour l'édition Cazin, 22 p. sur peau de vélin. — 22 p. sur chine grand papier et une Jeanne d'Arc in-8, par Baquoy, sur chine, en tout 45 p.

1166 — Vignettes de Moreau, Donation du Dauphiné, Raynal (Histoire), Mort de Pizarre, Christophe Colomb, etc. 10 p. avant la lettre et eaux-fortes pures. Superbes.

1167 — Sapho, Orphée, Sujets sur Henri IV, Gabrielle d'Estrées, François Ier, Louis XIV, Lavallière, etc., 18 p. superbes ép., la plupart avant la lettre et sur chine.

1168 — (Sujets sur). Réception de Voltaire aux Champs-Élysées par Henri IV, petit in-fol., par Macret, d'après Fauvel, superbe ép. Toute marge.

1169 — Chambre du cœur de Voltaire, contenant 40 très-petits portraits, plusieurs n'existent pas ailleurs. Superbe ép. in-fol., avant la lettre, les noms d'artistes seulement et le buste de Voltaire en bas. Belle marge.

1170 — Le Déjeuner de Ferney : cette charmante composition représente M. de La Borde assistant au déjeuner de Voltaire qui est dans son lit, tenant la main de Mme Denis, ovale in-4 entravers. Eau-forte pure. Terminé avant toute lettre. Encadrement carré terminé avec la lettre, par Née et Masquelier. 3 p. superbes et très-rares à trouver réunies.

1171 — Le Tombeau de Voltaire, par C.-M. Allegorie. Petit in-fol. Grande marge.

1172. — Vue du château de Ferney, côté du nord. — Les délices de Voltaire, près Genève, 2 p. très-belles.

1173. — Mort de Poulpe, chirurgien de Voltaire. Superbe ép. toute marge, piquée d'humidité.

1174 — Apollon sur Pégase, tenant le masque de Voltaire, ovale en travers, petit in-fol., par Legrand, d'après Dardel, avant la lettre. Superbe.

1175 — Triomphe de la Pucelle d'Orléans. — Héroïsme des femmes de Beauvais, 2 p. in-4. Très-belles ép. Toute marge.

1176 — La Justice humaine, Procession de la Ligue, ~~la Reine Christine à Fontainebleau~~, Allégorie. 3 p. in-4.

1177 — Titre de l'Hist. de Charles XII. — Naufrage de Pierre Ier. — Catherine d'Aragon. — Jeanne de Naples, etc. 7 p. superbes.

1178 — Oraisons funèbres avant la lettre. 5 p. superbes, dont une eau-forte.

1179 **Vignettes anglaises.** La Dentellière, the Improvisatrice et autres avant la lettre, sur chine. 14 p.

1180 — Pour Walter Scott, Spectator et autres. 14 p.

1181 — Vues d'Angleterre. 42 p.

1182 — Vue de Versailles, la grande Galerie, avant la lettre. 2 p.

1183 **Vignettes** pouvant illustrer l'Empire, Scènes, Sujets, Batailles, jusqu'à Sainte-Hélène, la plupart sur chine et beaucoup avant la lettre. 58 p.

1184 — diverses. Sacrifice à Cérès, grand in-8 en travers, avant toute lettre. — Boileau (Traité du sublime), in-8° en hauteur. 2 p., sur peau de vélin, très-rare.

1185 — pour Mme de Genlis la Dot de Suzette, Édouard martyr, pour Éd. Spenser, etc. 17 Sujets sur 10 feuilles, la plupart sur chine.

1186 — du XVIIIe siècle, Almanach, Encadrement pour brevet, Logo de l'Amitié et autres, eaux-fortes et terminées. 30 p., 2 lots.

1187 — Scènes de théâtre, d'après Cochin, Queverdo, etc. Eau-forte du Déserteur. 4 p. superbes.

1188 — Scènes de l'histoire ancienne: la Tunique de César, Combat des Horaces, Mort de Virginie, et autres, plusieurs avant la lettre et sur chine.

1189 — Modernes : Adam et Ève, Pâris et Enone, Léda, et autres. 14 p. avant la lettre. Superbes ép.

1190 — Eaux-fortes et avant la lettre. 40 p.

1191 — Scènes de la Vendée sous la Révolution, d'après Adolphe Leleu. 8 p. avant la lettre, sur chine, tirage in-fol. superbe.

1192 — François Ier après la bataille de Pavie. — Scène et bataille, d'après Raffet. — Napoléon, par Hopwood. 6 p. avant la lettre, tirage in-fol.

1193 — Vignettes tirées de la galerie de la duchesse de Berry : la Famille malheureuse, d'après Prudhon, et autres sur chine, et l'Homme entre le Vice et la Vertu, avant la lettre. 9 p. superbes.

1194 — Scènes de l'Histoire de Rome, d'après les dessins de Cochin, d'après les tableaux des maîtres anciens. 10 p. in-4 dans des entourages, et 1 ép. d'eau forte. 11 p. superbes.

ESTAMPES DIVERSES

1195 **Anonyme.** Adieux de Louis XVI à sa famille, composition petit in-fol. non terminée, rare.

1196 — Le Carnaval, avant toute lettre, in-fol., très-belle.

1197 **Aubert.** L'Homme entre deux âges et ses deux maîtresses, fable de La Fontaine, in-4 remargé.

1198 **Bartolozzi.** Billet de bal du 17 avril 1775, charmante composition, d'après Cipriani, in-4. Très-belle ép.

1199 — Hermaphrodite, petit in-fol., d'après Cipriani. Sanguine.

1200 **Bertaux** (Duplessis). La Bienfaisance ingénieuse. Eau-forte pure, remargée. — La même avec la lettre et explication. 2 p. in-4.

1201 **Billy.** Les trois Grâces, d'après une peinture antique, petit in-fol. Toute marge.

1202 **Bosse** (Abraham). La Joie de la France, dédié au roi Louis XIII. Très-belle ép.

1203 — Le Repas des dames seules. Très-belle ép. Le Blond excud.

1204 — Le Remède, très-belle ép., chez Melchior Tavernier et Abraham Bosse, etc.

1205 — La Saignée. Superbe ép., chez Le Blond.

1206 — Le Barbier. Superbe ép., Le Blond excud.

1207 — L'Homme d'affaires. Superbe ép. sans marge, le Blond excud.

1208 — Le Cordonnier. Superbe ép., Le Blond excud.

1209 — La Noce de village. Superbe ép., Le Blond excud.

1210 — Le Chaudeau des mariés. Superbe ép. sans marge. Jean Le Blond excud.

1211 — Le Mari battant sa femme. — La Femme battant son mari. 2 p. très-belles ép., Le Blond excud.

1212 — Les Cinq sens. Très-belles ép. sans marge, chez Tavernier. 5 p.

1213 **Bornet** (chez). Coup d'œil exact de l'arrangement des peintures au salon du Louvre, en 1785, in-fol. Très-belle ép.

1214 **Boucher** (D'après). Les Bacchantes endormies, petit in-fol., par Mlle Hemery l'aîné. Superbe ép. avant la lettre. Marge, très-rare.

1215 **Chaponnier.** La Lettre, grand in-fol., d'après Fournier, ép. avant la lettre, tachée d'humidité.

1216 **Cochin** (D'après). Frontispice de l'Encyclopédie, petit in-fol., par Prévost. Superbe ép. Marge.

1217 — Silvie délivrée par Aminte, in-4. Superbe ép. d'eau-forte, par Martini, avant l'entourage orné et les armes. — Le même terminé. 2 p. superbes.

1218 **Debucourt.** Unité. — Fraternité. 2 p. Manière noire à fond noir, montées en dessin, rares.

1219 **Descourtis.** Noce de village. — Foire de village, 2 petites pièces in-8, d'après Taunay. Superbes ép. Toute marge.

1220 **Fragonard** (D'après). L'Amour ingénieux, par Furcy, ovale petit in-fol. Très-belle ép. Grande marge.

1221 **Galerie.** Filhol. Enlèvement de Déjanire, ép. d'artiste sur chine et autres de diverses collections. 10 p. superbes.

1222 — Lebrun, Poullain, etc. 20 p. avant la lettre, superbes.

1223 **Girardet.** Travaux du Champ de Mars, en 1790. — Service funèbre. — La Fédération, Eau-forte et avant la lettre. 4 p. superbes ép., petit in-fol.

1224 **Godefroy,** 1776. Les Poules aux guinées, l'Avarice perd tout en voulant tout gagner, allégorie pour la fable de La Fontaine : la Poule aux œufs d'or. Superbe ép. in-4, remargée en claire-voie.

1225 — Les Étrennes : Jeanne et Louise Dauroy donnant une poule à leur mère. Superbe ép. in-4. Toute marge.

1226 **Haeften** (Van) pinx. et sculp. Le Buveur, manière noire, grand in-4, rare.

1227 **Harvant.** L'Abbé Ermès, assassiné le 2 septembre 1793, dans les bras de M. l'évêque de Larochefoucault, lithog. petit in-fol., rare.

1228 **Jeaurat,** 1732. Le Savetier et le Financier, fable de La Fontaine, grand in-4 en hauteur. Très-belle ép. Toute marge.

1229 **Johannot** (Tony). Eaux-fortes diverses, tirées de l'Artiste et autres, épreuves d'artiste et avant la lettre. 8 p., la plupart tirage in-fol.

1230 — Scène de la Révolution, sur chine, avant la lettre. Eau-forte, in-8, tirage in-fol.

1231 **Martini.** Exposition au Salon du Louvre, en 1787, in-fol. Grand nombre de figures en costumes de l'époque. Très-belle ép.

1232 **Marvye.** Bouclier d'Achille. — Bouclier d'Hercule, par le Lorrain. 2 p. in-4, très-belles.

1233 **Moitte** (D'après). Liberté, Égalité, Autel de la Patrie. 3 p., par Janinet et autres, montées en dessins.

1234 — Bas-reliefs de l'Arc de Triomphe du Champ-de-Mars. 4 p. in-fol., dont une sur satin. Superbes.

1235 **Moreau** (D'après L.) l'aîné. Le Villageois entreprenant, grand in-4, avant la lettre. — Avec la lettre et les armes. — Les armes effacées et le titre changé. — On y court plus d'un danger : c'est l'Escarpolette, pendant du dernier. 4 p. très-belles.

1236 **Moreau** (D'après). Pygmalion, in-fol. Épr. avant toute lettre sur chine.

1237 — Couronnement de Voltaire sur le Théâtre-Français, aux Tuileries. Superbe et rare ép. eau-forte pure. Très-grande marge, avec A. P. D. R. en bas seulement, la marge est toute blanche.

1238 — Allégorie. Le buste de Bonaparte remplace celui de Louis XVI. Le médaillon qui contenait le portrait de Necker est blanc, etc. In-4, rogné sans marge et remargé.

1239 **Norblin**. Tête d'Oriental. Eau-forte.

1240 **Pièces historiques**. Allégorie, en-tête de page sur la République, par De Launay, d'après Gatteaux, in-fol. — Cartouche aux armes de Napoléon, eau-forte. — Départ de l'île d'Elbe. — Arrivée en France, 2 compositions différentes, eaux-fortes. — Apothéose. 6 p. très-belles.

1241 — Arrestation de Charles Ier. — Supplice de Charles Ier. 2 p. avant la lettre, toute marge. — Supplice de Mari/ Stuart, sans marge. 3 p in-4.

1242 **Plonski**, 1802. Tête de vieillard à grande barbe, eau-forte.

1243 **Raphaël** (D'après). Les trois Grâces, par Forster. Le simple trait, les cheveux et les boules sont fait. Imp. en sanguine, extrêmement rare, toute marge.

1244 **Sujets étrusques**. Expiation d'Oreste, poursuivi par les Furies. — Combat de Cadmus contre le dragon. — Retour de Proserpine dans l'Olympe. — Mort d'Astianax. 4 p. in-fol., supérieurement coloriées, imitant des dessins.

1245 **Vanloo** (D'après). Les trois Grâces, charmante composition, petit in-fol., par F. Heleonor Hemery, 1772. Superbe ép. avant la lettre. Marge, très-rare.

1246 **Wierix** (Ant.). Salve mater misericordiæ ; en bas, Betsabée. Très-belle ép.

1247 — Le Christ entouré de huit scènes de martyrs, Dieu le Père en haut et trois scènes de la Passion en bas. Dédié à Isabelle-Claire-Eugénie, superbe ép.

1248 **Wierix** (Hieronymus). Le Christ entouré de dix scènes de la Passion. Paris, chez Lenoir Pillot, belle ép., marge.

1249 — Le Christ à la vigne, entouré de quatre scènes de la Bible, et des figures de la loi, ancienne et nouvelle. Superbe ép.

1250 — S. Lydtwina virgo schiedamensis, entouré de douze scènes de sa vie, magnifique ép., très-rare.

1251 — Jésus-Christ recevant la Vierge au ciel. — La Pentecôte, par Jean Wierix. 2 p. belles.

1252 **W. D.** *Sculp.* Le Marché conclu, in-4. Belle ép., marge.

1253 **Divers.** Frontispice de la Physique par Choffart, Cérès cherchant sa fille, Pièces historiques, etc. 5 p., in-4.

1254 — Sujets religieux, Vierges. 5 dessins à l'encre de chine, et autres gravés divers, eaux-fortes, etc.

LIVRES A FIGURES

1255 **Adam** (D'après L. S.) l'aîné, sculpteur du roi. Recueil de sculptures antiques, grecques et romaines. 60 p. in-4, gravées par *Fessard*, *Tardieu* et autres. Vol. dem.-rel. dos et coins maroq. grenat, fleurons sur le dos. Bel ex. papier de Hollande (*Raparlier*).

1256 **Benner**. Collection de 24 portraits de la famille impériale russe, gravés par *Mécou*, *John*, *Johannot*. Superbes ép., avant la lettre. Vol. petit in-fol. dem.-rel., dos toile verte. (*Raparlier*).

1257 **Boilly** (Jules). Iconographie de l'Institut de France, collection de portraits in-4., lithog., des membres des quatre académies, de 1814 à 1825, ornée du portrait de L. Boilly, rare. Plusieurs portraits sont très-rares. 205 p. Vol. grand in-4. dem.-rel. veau.

1258 **Bosch**. Allégories gravées par Folkema, 1741-57, avec le portrait et plusieurs pièces et portraits par *Vinkelès*. 35 p. Superbes ép. de graveur. Vol. dem.-rel. dos et coins maroq. bleu, dos orné de petits fers, doré en tête. (*Raparlier*).

1259 **Callot.** Sujets de la Passion, 12. — Martyres des apôtres, 16. — Vie de la Vierge, 14. — Les pénitents. — Les Quatre banquets et autres. En tout 69 p., très-petit vol. maroq. noir janséniste, fers à froid, filets et larmes sur les plats, fermoir, sur le premier feuillet, autographe signé *Le Normand Ducoudray*, 16 septembre 1744, amateur célèbre de cette époque.

1260 **Cochin** (D'ap.). Project pour la construction des guérites décorées, que S. M. a permis à son Académie de peinture et sculpture de faire élever dans les demi-lunes du Pont-neuf, en 1769. Feuille de texte gravée par *Petit*, et 3 p. gravées par *Lebas*, représentant les guérites de différents côtés. Suite très-rare, superbes ép., toute marge, album dem.-rel. dos toile.

1261 **Contes de Lafontaine**, in-fol.

Portrait de BOUCHER, in-4, par *L. Bosse.*

Boucher (D'après). Calendrier des vieillards, par *Larmessin*, marge.

— La Courtisane amoureuse, *Larmessin*, marge.

— Le Fleuve Scamandre, *Larmessin*, remargé.

— La Baigneuse surprise, *Daullé*, marge.

— Le Magnifique, *Larmessin.*

Eisen (D'ap.) Le Cas de conscience, *Tardieu*, Buldet.

Eisen (D'ap.). La Gageure des trois commères, *Tardieu*, toute marge, Buldet.

— Le Gascon, *Tardieu*, toute marge, Buldet.

— Promettre est un et tenir, etc. *Legrand*, Buldet.

Lancret (D'ap.). Les Deux amis. *Larmessin*, 1er état.

— Le Faucon, 1er état et 2e état chez Buldet.
Par Schmidt, sous le nom de Larmessin.

— A Femme avare galant escroc, 1er état, toute marge, et 2e état.
Par Schmidt, sous le nom de Larmessin.

— Le Gascon puni. 1er état toute marge, autre grande marge, et 2e état.
Par Schmidt, sous le nom de Larmessin.

— Le même contre-partie par *J. Georges Hertli-Aug. Vind.*

— Nicaise, tout 1er état avec le nom de *Schmidt*, extrêmement rare.

— Nicaise, 1er état, épreuve toute marge, et 2e état Buldet.
Par Schmidt, sous le nom de Larmessin.

— Les Oies de Frère Philippe. 1er état.

— On ne s'avise jamais de tout, 1er état, marge.

— Pâté d'anguille, 1er état, marge.

— Le Petit chien qui secoue l'argent, 1er état.

— Les Rémois, 1er état, grande marge.

— La Servante justifiée. 1er état et 2e état.

— Les Troqueurs, 1er état; 2e, état toute marge.

Laurain (D'ap.). L'Anneau de Hans Carvel, *Aveline*, Buldet, 1er état toute marge. — 2e état chez Charpentier, grande marge.

Lorrain (d'ap.). La chose impossible, *Sornique* grande marge chez Charpentier.

Le Clerc (D'ap.). Le Faiseur d'oreilles et le raccomodeur de moules. *Larmessin*, 1er état.

— Le Rossignol, 1er état et 2e état, chez Buldet.

Le Mesle (D'ap.). La Clochette, *Fillœul*, 1er état. — 2e état chez de Larmessin, toute marge.

— Le Cuvier, 1er état, 2e état toute marge, 3e état chez Buldet, toute marge. — Contre-partie par *Seinvork*.

Paterre (D'ap.). Les Aveux indiscrets, *Fillœul*, 1er état, chez Fillœul, toute marge; 2e état chez Larmessin, marge; 3e état chez Buldet, toute marge. — Contre-partie *D. R. a Culp.*

— Le Baiser donné, *Fillœul*, 1er état, Texte français et latin en 2 colonnes, chez Fillœul. — 2e état texte français seulement, en 2 colonnes, chez Fillœul, toute marge. — 3e état, chez Larmessin, toute marge. — Contre-partie chez Dupré.

— Le Baiser, rendu 1er état, 2e état, 3e état, toute marge, et 4e état chez Buldet.

— Le Cocu battu et content, *Fillœul*, 1er état, toute marge, 2e état, 3e état chez Buldet.

— Courtisane amoureuse, *Fillœul*, 1er 2e et 3e états.

— Le Glouton, *Fillœul*, 1er état, 2e état toute marge, 3e état grande marge. — Contre-partie *D. R. a Culp.* chez Masson.

— La Matrone d'Éphèse. *Fillœul*, 1er état, grande marge, 2e état. — Contre-partie *D. R. a Culp.* chez Masson.

— Le Savetier, *Fillœul* 1er état, 2e état. — Contre-partie chez Dupré.

Vleuhlsels (D'après le chevalier). Le Bast, *Larmessin*, toute marge. — Même sujet au pointillé colorié, sans marge.

Vleughels (D'après). La Jument du compère Pierre, *Larmessin*, 1er état, 2e état chez Buldet. — Contre-partie par *Aug. Legrand* chez Lorrion.

Uleughels (D'ap.). Frère Luce, *Larmessin*.

— Le Villageois qui cherche son veau, *Larmessin*, 1er état, toute marge. — 2e état chez Buldet, toute marge.

Coypel (D'après Ch.). Matrone d'Éphèse, par *L. Desplaces*, en hauteur, toute marge.

Legrand (Aug.) La Servante justifiée, chez Lorrion.

Schall (D'ap.). La Servante justifiée, par *Lindor* de Toulouse, en hauteur.

— Le Bât, en hauteur, par *Lindor* de Toulouse.

Rambert. Joconde, eau-forte ovale en travers.

— La Jument de compère Pierre, eau-forte, ovale en travers.

— Le Poirier enchanté, eau-forte ovale en hauteur.

— Le Villageois qui cherche son veau, ovale en hauteur.

Bonnart (D'ap.). Le villageois qui cherche, *Dupin*, en travers.

La Réflexion tardive (l'Oraison de St-Julien), in-4, grande marge.

L'Instant de la gaieté (Les Rhémois) in-4, grande marge.

La Chambrière instruite (Le Remède) in-4. grande marge.

La Perte irréparable (Richard Minutolo), in-4, grande marge.

Les oies de Frère Philippe, charge coloriée chez Gautier.

Rambert. Les Lunettes, eau-forte, grand in-fol.

— Le Rossignol, eau-forte, grand in-fol.

96 p. belles ép., vol. in-fol. Demi-rel. dos et coins maroq. rouge, dos orné de petits fers. (*Capé*.)

1262 **Ecole flamande**. Recueil de sujets bibliques et allegories d'ap. Martin de Vos, Heemskerke, etc. et gravés par Collaert, Galle, P. de Jode, C. de Pas, Sadeler, etc. Album de 70 p. Reliure pleine, maroq. rouge, dentelle intérieure (*Raparlier*).

1263 **Galle** (Philippe). *Imagines L. Doctorvm Virorvm, qui bene de stvdiis literarvm mervere. Anvers, 1587.* Recueil très-rare. 124 p. Le titre est raccommodé pour agrandir la marge. Superbe vol. maroq. rouge, riche rel. pleine, filets, petits fers, dentelles intérieure, tranche dorée. (*Raparlier*).

1264 **Girodet** (D'ap.). Les Amours des dieux, lithog. par ses élèves avec texte. On a ajouté le portrait. Héro et Léandre, Paris et Hélène, Jupiter et Semelé avant toute lettre. Les 4 génies du Château de Compiègne, Ariadne gravée par *Konig* avant la lettre, et les 3 vignettes gravées par *Dupont*, *Bein*, *Muller*, épreuves d'artistes. 28 p. la plupart sur chine, Vol. petit in-fol. dem.-rel. maroq. rouge. (*David*).

1265 **Le Clerc** (Jean). Vie de saint Ignace de Loyola. 14 p. album dos et coins maroq. rouge. (*Raparlier*).

1266 **Le Mesle** (d'après). Aventures de Lazarille de Tormes, gravées par *Aveline*, *Schmidt*, *Tardieu*, et autres. 12 p. petit in-fol., très belles ép. remargées à claire-voie. Peau vol. dem.-rel., dos et coins maroq. rouge.

1267 **Mariette.** Frontispice, allégorie avec son buste, par *Choffard* d'ap. Cochin. Eau-forte pure avant et avec la lettre ; son portrait par *Saint-Aubin* d'ap. Cochin. Les 12 Mois de l'année, compositions champêtres; les 4 Saisons, les 4 Éléments d'ap. Vleughels, les 4 Éléments d'ap. Queverdo, et 5 p. diverses très-rares, personnifiant les sens, recueil très-intéressant. 32 p. Vol. dem.-rel. et coins maroq. rouge (*Raparlier*).

1268 **Meyssens** (Corneille), 1662. Portraits des souverains princes et comtes de Hollande, 38.— Effigies des forestiers et comtes de Flandres, 45. En tout 83 portraits, très-belles ép. réunies dans un vol. dem.-rel. maroq. violet foncé.

1269 **Monnet** (D'après). Journées de la Révolution par *Helman*. 15 p. anciennes et très-belles ép. avec les 2 tables différentes. — *Duplessis*, la Révolution Française. — Les Droits de l'homme. — Serment des confédérés au champ de Mars, colorié. — Les 2 Bas-reliefs de *Massard*. — Suite de *Schiavonetti* sur la mort de Louis XVI 6, p. — Massacre de Montauban. — Monument de Lucerne. — Arrivée de Mirabeau aux Champs-Élysées, eau-forte pure et terminé. — Assassinat de Le Peletier. — Assassinat de Marat. — Tombeau de Marat avant et avec la lettre. — Les formes acerbes. — Le Culte naturel. par *Mallet*, très-rare. — La Fête de la vieillesse, par *Duplessis-Bertaux* d'après Wille fils, avant la lettre. Tableau des monnaies et assignats par *Lejeune*, colorié, 38 p. Vol. grand in-fol., riche dem.-rel., dos et coins maroq. rouge dos orné, petits fers filets or.

1270 **Oudry.** Le Roman comique de Scarron, 1er état avec adresse chez Oudry. — 2e état chez Huquier — 4e état chez Desnos. Plusieurs ép. avant la lettre et avant les numéros; la suite complète est de 26 p. avec les 3 grandes pl. En tout 57 p. Réunion très-rare. Vol. dem.-rel., dos et coins maroq. rouge. (*Capé.*)

La suite, 2e état, est complété par le 1er état; la suite, 3e état par le 2e. La suite, 1er état, est impossible à trouver complète, d'après M. Robert Dumenil. Les états avant le no sont inconnus de Duménil.

1271 **Pater** (D'ap.). Roman comique de Scarron. 16 p. très-belles épreuves, on a joint :

Arrivée de l'opérateur à l'hôtellerie. Dessin à l'encre de chine.

Bataille dans le tripot, avant toute lettre.

La Rancune coupe le chapeau de Ragotin, avant toute lettre.

Ragotin à cheval, la carabine part, avant toute lettre. — La même, eau-forte pure.

De Destin retire Ragotin du rosier, avant toute lettre. — La même, eau-forte pure.

Piramide d'ailes de poulet, avant toute lettre.

Me Bouvillon prie le destin de chercher, avant toute lettre.

Ragotin pousse le père Gifflot, eau-forte. En tout 26 p. Réunion très-rare. Vol. in-fol. demi-rel. et coins maroq. rouge (*Capé*).

1272 **Pinetti** (B.) 1818. Historia romana, 100 p. in-fol. Beau vol. in-fol. demi-rel. maroq bleu (*Raparlier*).

1273 **Poisson** (D'après). Cris de Paris, 6 cahiers de 6 p. 36 p., ajouté dessin à l'encre de Chine du Marchand de petits gâteaux du 2ᵉ cahier, et la Marchande de bouquets, dessin crayons noir et rouge par *Salis.* 38 p. Vol. carton., papier rouge. Suite extrêmement rare.

1274 **Pompadour** (Suite d'Estampes gravées par Mᵐᵉ la marquise de), d'ap. les pierres gravées de Guay, graveur du roy. 69 p. et titre, le Portrait de Mᵐᵉ de Pompadour d'ap. Boucher ajouté. 71 p. Superbe vol. rel. pleine maroq. rouge, dentelle intérieure, tranche dorée. (*Raparlier*).

1275 **Ponce**. Les Illustres Français ou Tableau historique des grands hommes de la France d'ap. les dessins de *Marillier*. 112 p. avant et avec l'adresse de l'auteur. Selim est avant toute lettre. Vol. petit in-fol. maroq. La Valière (*Raparlier*).

1276 **Pronti**. Nuova raccolta di 100 vedute della città antiqua di Roma, 1795. Deux tomes en 1 vol. 152 vues. Vol. in-4, dem.-rel. maroq. vert.

1277 **Rouargue** frères. Album des bords de la Loire. 50 magnifiques gravures sur acier, très-belles ép. sur chine. Tours, Lecesne, 1851, couvert. en toile, fers dorés sur les plats.

1278 **Schenk** (P.) *excud.* Vues d'Amsterdam et autres vues de Hollande. 100 p. Vol. dem.-rel. dos et coins maroq. rouge.

1279 **Thomas.** Un an à Rome et dans les environs. 71 lithog. et texte, petit in-fol. Paris, Didot. 1830. Vol. demi-rel. chagrin vert et toile, filets.

1280 **Verdier** (Par et d'après). Vie de Samson gravée par B. Audran, Poilly, Simmoneau, etc. On a joint le portrait de B. Audran. 41 p. Album dem.-rel. maroq. rouge, nerf (*David*).

1281 Réunion d'Estampes et Dessins pour l'œuvre de **Jean Racine**, in-fol. de Didot. Il y a des ép. avec 5 états différents. ces compositions sont d'après les artistes célèbres *Gérard*, *Girodet*, *Prudhon*, etc. Épreuves d'eau-forte pure, 51. — Ép. d'artistes, 102. — Suite complète avant la lettre, 57. — Suite complète avec la lettre, 57. — Ep. avec différences, 4. — Dessins au bistre, de *Chasselat*, et pièces diverses, 17. En tout 288 en 2 vol. in-fol. dem.-rel. et coins maroq. rouge.

Dans cette collection se trouve la pièce de la Thébaïde. Jocaste avec *Prudhon del* à la place de Moitte. Épreuve regardée comme unique.

1282 Recueil de pièces historiques et satyriques sur LAW. Son portrait in-fol., avant toute lettre, sur un cheval comme Don Quichotte, très-rare, et autres pièces trèe-curieuses, caricatures relatives à son système et texte petit in-fol. Réunion de la plus grande rareté. 113 p., vol. rel. en vélin, riches fers dorés sur les plats.

Toutes les pièces de ce recueil sont de la plus grande beauté et fraîcheur, et comprennent à peu près tout ce qui a été fait de curieux sur ce sujet, la plupart publiées en Hollande.

1283 Recueil de vignettes et fleurons, d'ap. Babel, Borel, Cochin, David, Dunker, Eisen, Gravelot, Le Barbier, Marillier, Moreau le jeune, Quererdo et autres, gravés par *Choffard*, *De Longueil*, *Gaucher* et autres. 159 p., vol. demi-rel., dos maroq. rouge.

1284 Recueil général des coëffures de différents goûts, de 1589 jusqu'en 1778, avec des vers analogues au costume, suivi de Modes françaises. Paris, Denos. 48 coiffures, 48 costumes, ajouté 2 coiffures, 2 sujets et 5 petits sujets pour l'almanach la Pythonisse de Lutèce, en tout 105 sujets. Autographe signé de M. Feuillet de Conche. Superbe vol., très-curieux, demi-rel., et coins maroq. rouge, petits fers.

1285 La grande Exposition de la vie des peintres flamands et hollandais, de 1718 à 1753, par *Jacob Houbraken*. Portraits de peintres et sujets tirés des 3 vol. en 1re et 2e édition. Les titres et les tables ont été conservés. 101 p. Beau vol. rel. pleine, maroq. Lavalière janséniste, dentelle intérieure, tranche dorée (*Raparlier*).

1286 La nouvelle Exposition de la vie des peintres flamands et hollandais, par *Jean van Gool* et par *Van Mander*. En tout 85 p. Beau vol., rel. pleine, maroq. Lavalière janséniste, dentelle intérieure, tranche dorée (*Raparlier*).

1287 Figures tirées de l'Histoire de Hollande, 1749. 138 p., par *Punt Tanjé*, etc., les portraits, par *Houbraken*, recueil très-rare. Beau vol., rel. pleine, cuir de Russie, quadrillé, fleurons, filets genre Dusseuil, dentelle intérieure, tranche dorée (*Adrià Ensen*).

1288 Portraits en pied, in-8, d'ap. Desenne, Deveria et autres. Superbes ép. avant la lettre sur chine. 28 p., demi-rel. dos toile.

1289 Galerie historique du palais de Versailles, Paris, Gavard, 1845. 8 vol., de 1 à 7-7. Grand in-8, couverts en toile.

1290 Recueil des Combats de Jean-Bart, suivi de l'Abrégé de sa vie, 19 p. et le portrait, par *Tardieu*, ajouté. 20 p. Album in-4, demi-rel., dos maroq. rouge.

1291 **The Keepsake** for 1828. L'Écrin, etc., 39 p. La plupart avant la lettre, d'ap. Nortchcote, Sharp, Stephanoff, etc., vol. petit in-fol., demi-rel., maroq. vert.

1292 **The Keepsake** for 1829. Vues d'Espagne, etc. 32 p., d'ap. Roberts et autres, vol. petit in-fol., demi-rel., maroq. rouge.

1293 **The Keepsake** for 1829. Vues d'Espagne, d'ap. Roberts; vues de France, et sujets d'ap. Stothard, 40 p., vol. petit in-fol., maroq. violet.

1294 **Heath** picturesque annual for 1834. Vues de France, Italie et autres. Tirage petit in-fol., 52 p., nombre avant la lettre, vol. demi-rel., maroq. violet.

1295 The litterary Souvenir and cabinet of moderne art. 55 p., la plupart avant la lettre, d'ap. Cobourld, Chalon, Stephanoff, Westall et autres célèbres artistes anglais. Vol. petit in-fol., demi-rel., maroq. rouge (*Raparlier*).

1296 Recueil de vignettes anglaises, sujets divers, titres et la plupart avant la lettre et sur chine. 56 p. Sujets de femmes et enfants, etc., petit in-fol., maroq. rouge.

1297 L'Écrin, vignettes anglaises. 13 p. et texte, vol. in-4, couvert en toile, fers dorés sur les plats.

1298 Heath Drawing Room. Portrait de la comtesse de Blessington et autres sujets. 7 p. — Keepsake vénitien. 11 p. sur chine, en tout 18 p., vol. in-4, couvert en toile, fers à froid et dorés.

1299 The Copper Plate Magazine. Vues de la Grande-Bretagne et Irlande par les plus éminents artistes anglais, avec texte explicatif. 5 albums, demi-rel. et coins veau, bel ex.

1300 Recueil de vues anglaises de divers pays. 80 p. sur chine et sur blanc. Vol. demi-rel., dos maroq. rouge.

Voy 6 1301 Vues d'Italie, France et Suisse, la plupart gravées en Angleterre. 50 p., vol. demi-rel., maroq. vert. Conrad

8 1302 Vues d'Angleterre, Russie, Italie et autres pays, gravées en Angleterre. 71 p., vol. demi-rel. maroq. vert. Conrad

7 1303 The Keepsake for 1828. Vues d'Italie, Suisse et autres pays. 54 p., papier de Chine et papier blanc, vol. demi-rel., maroq. vert. Conrad

16 1304 Der Rheinische Tourist. Album du Rhein. Vues gravées sur acier avec titre en chromo. Francfort, Carl. Jugel's. 100 p., couvert en toile, fers dorés sur les plats. Conrad

42 1305 Réunion de vignettes sur bois. Épreuves de choix sur chine pour le Mémorial de Sainte-Hélène, les Bagnes, Mystères de l'Inquisition, Voyage en zig-zag, d'ap. Charlet, Jules David, Girardet, Raffet. Scènes de la Vie privée des animaux de Grandville, Notre-Dame-de-Paris, les Confessions, Voyage du prince Orloff, etc., d'ap. Johannot, Lemud, etc. 3 albums, demi-rel., maroq. violet. Grij 20 M. S. C. 20 Durcham 9 Conrad

10.50 1306 **Album lithographique.** Chiens, par *Carle Vernet*, 15 et un dessin. — Les trois sujets du jeu de la drogue, sujets de chasse et militaires, par *Horace Vernet*, 21, et autres, par Bouton, Géricault, Guérin, Swebach série de voitures russes, en tout 61 p. Album demi rel. et coins veau rouge. Durcham 10 Conrad

1307 **Galerie française** ou collection de 178 Portraits des hommes et des femmes qui ont illustré la France du XVIe au XVIIIe siècle, avec des notices et des fac-simile. Paris, Didot, 1821. 3 vol. in-4, demi-rel.

1308 Voyage pittoresque dans le royaume des Pays-Bas. 181 lithog. par *Howen*, etc. Album dos et coins maroq. vert. Collection rare.

DESSINS

1309 **Anonyme.** Portrait de Greuze, profil d'ap. lui-même. Ovale, grand in-8 au bistre.

1310 **Anonyme.** Portrait de Simon Vouet. Ovale, grand in-8, à la sépia.

1311 — Nouveau Testament. 4 gouaches sur vélin qui ont souffert. — 4 dessins à la plume, lavés de bistre saint Claude, sainte Eulalie, saint François-Régis, saint Vincent-de-Paul, 8 p.

1312 — Tragédies d'Eschyle. 4 dessins in-4, à l'encre de Chine.

1313 — Marius à Minturne, dans le goût de Moreau, — et par *Huet*, sujet pour un roman. 2 petits dessins in-12, à l'encre de Chine.

1314 — Sujets pour un roman maritime. 4 dessins sépia. — Scènes de Molière au trait. 5 p. in-12.

1315 — Bouquets de fleurs, aquarelle, 3, et autre. 4 p.

1316 CHOQUET 1820. Estevanille. 6 charmants dessins à la sépia. In-12, marge. Grand in-8 et 3 vignettes de *Marillier*, dont une ép. d'eau-forte. 9 p. superbes.

1317 — 1819. Le Bachelier de Salamanque. 6 charmants dessins à la sépia. In-12, marge. Grand in-8 et 2 vignettes de *Marillier*. 8 p. superbes.

1318 — 1819, Guzman d'Alfarache. 6 charmants dessins à la sépia. In-12 remargé comme chine. Grand in-8 et 4 vignettes de *Marillier*. — 18 vignettes anciennes. En tout 28 p.

1319 — Nouvelles : le Cadet généreux. — Le Petit Agneau. — Trait de justice. 3 dessins à la sépia. In-12.

1320 COCHIN (C.-N.), 1777. Charles III d'Espagne. Médaille entourée de figures allégoriques : le Temps est renversé enchaîné, un Espagnol enlève les fers aux sauvages de l'Amérique, des génies tiennent des médailles : les antiquités d'Herculanum, etc. Magnifique dessin sanguine, signé. Petit in-fol.

1321 COLIN (A.), 1825. Scènes pour les Incas. 5 beaux dessins à la sépia. In-fol., marge.

1322 **École hollandaise.** Portrait d'homme (le président Jeannin ?) avec fraise aquarelle, in-8, vigoureuse comme peinture à l'huile. In-8.

1323 — Portrait d'homme (Le Tellier ?), avec grand rabat, aquarelle vigoureuse terminée comme une miniature. In-8.

1324 — Portrait de jeune homme (Pascal ?), aquarelle vigoureuse terminée comme une miniature. In-8.

1325 — Portrait de Rubens? Aquarelle vigoureuse terminée comme une miniature. In-8.

1326 FREY *fe.* 1792. BARNAVE en pied aux trois crayons. In-fol. Son portrait de la suite de Dejabin est joint. 2 p.

1327 GRANDVILLE. Fleuron pour titre du journal le *Charivari :* Homme assis dans un fauteuil, frappant un tambourin à grelot avec porte-crayon et paquet de plumes; il a quatre pantins qu'il fait danser entre ses jambes. Charmant dessin à la plume, très fin. Petit in-4.

1328 — Les Barbiers réciproques, à mi-corps. Joli dessin à la plume, in-8.

1329 — Trois petites filles sous un parapluie. Joli dessin in-4, au crayon noir.

1330 — La Soirée en famille : le père lit, le fils pince de la guitare, les dames et l'enfant écoutent. Six figures, beau dessin in-4 à la sépia.

1331 — Les inconvénients de la rue : un gêneur tient par le bouton un dandy auquel il parle; au fond un passant reçoit le coup d'une échelle sur le dos; un autre les ordures d'un tapis que l'on secoue. Charmant dessin à la plume. Petit in-4.

1332 LAFITTE. Révocation de l'Édit de Nantes, Massacre, Proscription de cent mille familles protestantes. Magnifique dessin à l'encre de Chine relevé de bistre, marge. In-8.

1333 — Christine de Suède à Fontainebleau, Assassinat de Monadelchi. Magnifique dessin à l'encre de Chine, marge. In-8.

1334 MAESTI (Mich.-Ang.). *Nascità di Venere,* d'après Raphaël. (Naissance de Vénus.) Superbe gouache italienne encadrée.

1335 MALLET. Scènes d'intérieur : La Lecture, la Musique. 2 charmants dessins au crayon noir avec trois figures, en pendants. In-4.

1336 MIGNARD (D'après). La Vierge au raisin, sépia. In-fol.

1337 MOREAU le jeune, 1800. L'Homme et la femme. 2 dessins à la sépia, sur la même feuille.

1338 — Costume de dame. Dessin mine de plomb. Petit in-4.

— Voir n° 459, le portrait de Marie-Antoinette.

— Voir n° 461, le portrait de Joseph II.

— Voir n° 581, l'entourage du portrait de Richelieu, de Savart.

1339 MUSSARD. Rocher et château de Gayette, rond à la plume, d'après Israël *Sylvestre*, sur vélin, avec la gravure.

1340 PERELLE. Paysage au bord de la mer, de forme longue, à la plume, en bistre. Signé G. P.

1341 PICART (B.). Frontispice ou Ex libris représentant l'intérieur d'une bibliothèque, avec quatre amours sur le devant; deux cariatides soutiennent les armes où se trouve un fort à deux tourelles. Superbe dessin in-8 à l'encre de Chine. Très-fin.

1342 — Frontispice : Minerve ordonne des fouilles pour éclairer l'histoire des temps anciens. Nombre de figures allégoriques. Superbe dessin. Petit in-fol. à l'encre de Chine. Signé *B. Picart in. et fecit 1712.*

1343 PICART (Bernard), 1714. Ainsi doivent être cultivées la jeunesse et la gravure.—1721. La Justice divine? — 1731. La France ne paraît occupée ici que de l'amour et la gravure. 3 charmants dessins in-8 à l'encre de Chine et 3 autres Frontispices gravés. En tout 8 p. superbes.

1344 **Portraits.** GEORGE D'AMBOISE, par *Guémied*, original pour la galerie de Versailles. — Jean de COMMINGE, évêque de Maguelonne, à la plume par *Gardin*. — J. J. SCALIGER par *Burden*. 3 dessins.

1345 — PIERRE le Grand. Petit in-4 à l'encre de Chine.

1346 — Marquis de Favras? — André Doria, sanguine. 2 p.

1347 — Agnès Sorel. — Anne de Pisseleu, 2 dessins au trait. — Clairon? crayon noir. 3 dessins

1348 PRUDHON? Portrait de Désaugiers? In-4. crayon noir. Vigoureux dessin.

1349 RIDDERBOSCH (Mlle). Baigneuses dont l'une vue de dos entièrement nue. Superbe dessin à la plume sur vélin. Petit in-fol.

1350 ROBERT. René d'Alençon. — René II de Lorraine. — René de Naples. — Jean II de Bourbon. — Guttemberg. — François II de Bretagne. — Charles de France. — Adolphe duc de Clèves. — Maximilien Ier. — Marie de Bourgogne avec la gravure. Ces 10 dessins crayons, noirs et sanguine, sont les originaux d'Odieuvre. In-4 avec marge. 11 p. très-rare

1351 **Album d'*Amalric*,** fille de Mlle CONTAT, contenant Amalric en amazone, sépia par *Carle Vernet.* — Son portrait, mine de plomb. — Son mari, M. Abbema. — Son mariage, sépia par *Isabey.* — Partant pour la Syrie, sépia d'*Horace Vernet.* — Dessins à la sépia et aquarelles : 4 par Ciceri ; 2 par H. Lecomte, Baccuet, Deroy, Duperreux, Grenier, Jadin, Pinchon, baron de Veze ; 2 petites gravures d'Isabey et autres ; 20 autographes, pièces de vers signées, Choquart, A. de Chazet, Jouy, Lemontey, Picard, Bory Saint-Vincent, Parceval de Grandmaison, Vigée et autres. En tout 54 dessins, demi-rel. v. vert., étui, tranche dorée. — Duchesn. 200. Michel. 45 — 55

1352 Histoire de France depuis Clovis jusqu'à la mort d'Abatucci, 1815. *Dessins originaux* au bistre de *Blanchard, Masson, Martinet, Roland* et autres et une gravure d'après Moreau le jeune. Superbe ép. avant la lettre. 256 p. en 2 vol. grand in-4. dem.-rel., dos et coins maroq. rouge. *Raparlier.* — Duchesn. 50 — 900

1353 **Bervic.** Enlèvement de Déjanire. — Éducation d'Achille. 2 anciennes ép. encadrées. — 13.50

1334 **Fragonard** (D'ap.). Adieu d'Henri IV à Gabrielle d'Estrées. Avant la lettre, encadré. — 2

1355 **Roqueplan** (D'ap.). L'Antiquaire, gravé par Gellée. Avant la lettre sur chine encadré. — 2

8 petits portefeuilles — 5

9 — — 4

2 portefeuille — 4

Lot de paperasses — 2.50

Vve Renou, Maulde et Cock. impr[rs] de la Cie des Commissaires-Priseurs, rue de Rivoli, 144. 70918

LE CATALOGUE

DE LA

BELLE BIBLIOTHÈQUE

De M. Emmanuel MARTIN

EST SOUS PRESSE

LA VENTE AURA LIEU

Du Dimanche 4 au Samedi 10 Février 1877

Ves Renou, Maulde et Cock, imprs de la Cie des Commissaires-Priseurs, rue de Rivoli, 144. 70918

www.ingramcontent.com/pod-product-compliance
Ingram Content Group UK Ltd.
Pitfield, Milton Keynes, MK11 3LW, UK
UKHW020225220726
13923UKWH00002B/514

9 782014 462357